Subsídios para celebrações penitenciais

Maria da Conceição Leão e Campos
Carlinda Fanticelli Marques

Subsídios para celebrações penitenciais

EDITORA
VOZES

Petrópolis

Rua Frei Luís, 100
25689-900 Petrópolis, RJ
Internet: http://www.vozes.com.br

Com aprovação eclesiástica
Belo Horizonte, 25 de janeiro de 2007
Festa da Conversão de São Paulo, Apóstolo

Dom Walmor Oliveira de Azevedo
Arcebispo Metropolitano de Belo Horizonte

Diretor editorial
Frei Antônio Moser

Editores
Ana Paula Santos Matos
José Maria da Silva
Lídio Peretti
Marilac Loraine Oleniki

Secretário executivo
João Batista Kreuch

Editoração: Fernando Sergio Olivetti da Rocha
Projeto gráfico: AG.SR Desenv. Gráfico
Capa: Marta Braiman
Ilustrações: Marilce F. Madeira Siqueira

ISBN 978-85-326-3700-0

Este livro foi composto e impresso pela Editora Vozes Ltda.
Rua Frei Luís, 100 – Petrópolis, RJ – Brasil – CEP 25689-900
Caixa Postal 90023 – Tel.: (24) 2233-9000
Fax (24) 2231-4676

Agradecimento

Aos Excelentíssimos Reverendíssimos

Dom Walmor Oliveira de Azevedo, Arcebispo Metropolitano de Belo Horizonte

e

Monsenhor Geraldo dos Reis Calixto, Chanceler da Arquidiocese de Belo Horizonte,

e

Ao estimado Padre José Carlos Vieira Trópia, que sugeriu e incentivou este trabalho,

Nossa **gratidão sincera**.

Que o nosso relacionamento com Deus, através deste pequeno livro, seja para ressaltar a sua misericórdia e exaltar o seu Santo Nome.

Penitenciar-se é mergulhar na misericórdia infinita do Pai Criador, purificar-se na graça santificante do Espírito Consolador e emergir renovado nos braços sagrados do Filho Redentor.

Nota

Os "Subsídios catequéticos para celebrações penitenciais" apresentados foram propostos para serem adaptados aos casos de reconciliação de vários penitentes.

É muito importante verificar quais as adaptações mais adequadas para cada caso, a fim de não se cometer desrespeito às normas ditadas pelo Ritual Romano da Penitência. Obviamente o sacerdote decidirá se e como o material colocado à sua disposição poderá ser aproveitado.

Nosso zelo leva-nos também a lembrar que o dirigente leigo deverá estar atento às suas limitações, pois há sugestões que só poderão ser realizadas pelo sacerdote como, por exemplo, a bênção da água para aspersão.

Por último, adiantamos que, para qualquer celebração sugerida neste livro, é recomendável que a Equipe de Liturgia antecipadamente examine o conteúdo dos textos para verificar onde necessitam de alterações, principalmente se a celebração escolhida vier a ser realizada sem a presença do sacerdote. Neste caso, a equipe deve dialogar com o seu pároco, ouvir sua opinião e observar suas recomendações.

Certamente o resultado das celebrações será positivo se houver o empenho de todos, coroado com as graças de Deus.

Sumário

Apresentação

Como pároco da Paróquia São Geraldo do Bairro Piratininga, em Belo Horizonte, no período de 17/02/1991 a 11/12/2000, presidi as celebrações da Penitência que agora constituem o conteúdo deste livro, preparadas na Comunidade São Miguel Arcanjo do Bairro Santa Mônica, na época subordinada àquela paróquia, por ocasião da festa do seu padroeiro.

A cada ano as autoras elaboravam uma celebração diferente, sempre em conformidade com o tema central escolhido para ser refletido durante o tríduo ou novena preparatórios daquela festa, com exceção da celebração específica para a Sexta-feira Santa.

Os modelos apresentados refletem experiências vividas na Comunidade São Miguel, e aqui aparecem apenas como sugestões, que podem ser adaptadas de acordo com as necessidades da pastoral litúrgica para cada caso.

Como protagonista, percebi que as celebrações conseguiam colocar a assembléia num clima de grande recolhimento, o que facilitava a concentração dos penitentes no momento das reflexões e pedidos de perdão. Além disso, a participação ativa dos fiéis nos rituais simbólicos enriquecia a celebração.

Diante da repercussão positiva das celebrações, sugeri que as autoras as reunissem e procurassem divulgá-las, a fim de colocá-las ao alcance de outras comunidades.

Contudo, convém ressaltar que a delicadeza dos assuntos religiosos exige cautela, ainda mais quando se propõe difundir modelos de celebrações que certamente alcançarão rincões do nosso país, pois onde houver uma comunidade católica poderá haver o interesse pelo conteúdo do livro.

Meus argumentos podem ser confirmados (ou negados, quem sabe?) pelos irmãos presbíteros que se dispuserem a presidir alguma destas celebrações que o livro propõe.

Que este trabalho, uma vez realizado, produza frutos de bênçãos e salvação e contribua, a seu modo, para a maior glória de Deus.

Belo Horizonte, 28 de fevereiro de 2007

Pe. José Carlos Vieira Trópia
Pároco da Paróquia São Pedro Apóstolo

2) Ó Senhor, ouvi a voz do meu apelo,
atendei por compaixão!
Meu coração fala convosco confiante;
é vossa face que eu procuro!

3) Não afasteis em vossa ira o vosso servo,
sois vós o meu auxílio! Não me esqueçais,
nem me deixeis abandonado, meu Deus e Salvador.

4) Sei que a bondade do Senhor eu hei de ver
na terra dos viventes.
Espera no Senhor e tem coragem,
espera no Senhor!

Evangelho (Jo 3,14-21)

Comentarista: "A maior prova de amor que Deus nos deu foi enviando seu Filho para termos vida eterna. O pecado não pode tirar ao Pai o carinho para com os filhos, porém, pela incredulidade, o homem pode fechar-se ao amor apegando-se às obras más. Assim ele mesmo se julga". De pé, aclamemos o Evangelho, cantando:

Canto

Opção 1: Canto n. 142. *Cantos e orações*. Ed. Vozes.
"Honra, Glória"
(Pe. José Weber. Ed. Paulinas, Comep CD 6.)

Opção 2: Canto n. 152. *Cantos e orações*. Ed. Vozes.
"Bendita a Palavra"
(Letra: Maucyr Gibin e Pe. José Weber. Música: Waldeci Farias)

Proclamação do Evangelho

Dirigente

4. Homilia

Canto

Opção 1: Canto n. 1.131. *Cantos e orações*. Ed. Vozes.
"A certeza que vive em mim"
(Ir. Míria T. Kolling)

Opção 2: Canto n. 641. *Cantos e orações*. Ed. Vozes.
"Sim eu quero"
(Pe. José Weber)

5. Pedidos de perdão

Dirigente: Deus nos chama à santidade e à vida eterna. Contudo, na nossa morada terrestre, a nossa vida de fé e de bons cristãos é constantemente ameaçada em virtude das nossas fraquezas e da nossa natural inclinação ao pecado. Quando este acontece, nossa comunhão com Deus é desfeita. Pelo Sacramento da Penitência e da Reconciliação, instituído por Cristo e ministrado pela Igreja através de seus presbíteros, obtemos o perdão de Deus. Como conseqüência, reconciliamos com nossos irmãos e com a Igreja que ferimos pecando, e sobretudo empreendemos o caminho de volta ao Pai. Cristo é o único autor da nossa salvação. Ele se serve dos presbíteros e dos sacramentos para nos perdoar e justificar.

Comentarista: Neste momento, vamos examinar os caminhos da salvação e a nossa consciência diante deles e da nossa fé, que é vivida na observância dos mandamentos e na oração, e é também a resposta do homem a Deus quando busca o sentido último de sua vida. (Pausa)

1) Crer é acreditar, ter fé, aceitar. No sentido religioso, crer é ter fé e confiar nas palavras, promessas e preceitos de Deus. O "Creio em Deus" é uma afirmação que fundamenta toda a vida cristã. Pelo batismo somos libertados do pecado e regenerados como filhos de Deus. O perdão que nele recebemos é tão pleno que apaga até o pecado original, que privou o ser humano da santidade e da justiça originais. Além disto, o batismo permite-nos compartilhar da vida do Deus Trino. Porém, existem conseqüências temporais do pecado que continuam inerentes ao ser humano, como o sofrimento, a doença, a morte, a inclinação natural para o mal etc. Embora batizado, o homem freqüentemente é levado a abusar de sua liberdade e se afastar de Deus quando procura alcançar seus objetivos fora dele.

Dirigente: Acredito que o batismo é capaz de perdoar pecados?

- Considero o Batismo um mero acontecimento social, profanando o seu caráter sacramental?
- Até que ponto valorizo o batismo? Acho que ele é indispensável para todo cristão como fonte da graça para o perdão?
- Acredito que o cristão, ao se tornar filho de Deus pelo batismo, participa da vida da Santíssima Trindade?

2) A desobediência de Adão introduziu o pecado no mundo, e com ele a morte, que se estendeu a todos os homens, porque todos foram constituídos pecadores. Assim também, a obediência de Cristo Ressuscitado, com sua obra de justiça, resultou para todos os homens a justificação que traz a vida nova. Esta consiste na vitória de Cristo sobre a morte do pecado e, pela sua graça, na nossa salvação. A prerrogativa de "perdoar pecados"

Cristo conferiu aos apóstolos, hoje aos bispos e presbíteros da Igreja, com estas palavras: "Recebei o Espírito Santo. Aqueles a quem perdoardes os pecados, lhes serão perdoados; aqueles a quem os retiverdes, lhes serão retidos".

Dirigente: A minha fé é tão firme e irrestrita que quando confesso sinto-me absolvido dos meus pecados?

• Acredito que o sacerdote tem o poder de perdoar os pecados em nome da Santíssima Trindade?

Sinto-me aliviado com a absolvição ou minha consciência acusa alguma dúvida a respeito desse perdão, principalmente com relação à autoridade do sacerdote?

• Costumo questionar o pecado original ou aceito tudo aquilo que está contido nas escrituras sobre a queda de Adão, suas conseqüências e as nossas quedas subseqüentes?

3) Deus criou o homem à sua imagem e semelhança, e está constantemente a atraí-lo. Por sua vez, o homem, através de suas crenças e comportamentos religiosos, expressa o seu desejo de Deus, pois foi criado por Deus e para Deus. Este desejo está inscrito no seu íntimo. Cedo ou tarde, ele descobre que somente em Deus encontra a verdade e a felicidade que tanto almeja e procura. Contudo, o homem, pelo seu livre-arbítrio, pode esquecer, ignorar, desprezar ou até rejeitar esta relação vital com Deus. Mesmo que assim aconteça, Deus continua convidando todo homem a procurá-lo para que viva e encontre a felicidade.

Dirigente: Tenho colocado Deus no centro de minha vida, procurando amá-lo e servi-lo, porque compreendo que a verdadeira felicidade está em Deus?

• Por ser pecador confesso, fujo do chamado de Deus, com medo de sua justiça e duvidando de sua misericórdia?

• Tenho preocupação exagerada com as coisas do mundo a ponto de me afastar ou me esquecer de Deus?

• Tenho passado de uma religião para outra na ânsia de promessas miraculosas ou em busca não da verdade, mas daquilo que meus ouvidos desejam ouvir?

• Penso que todas as religiões e crenças são boas e que, por isso, tanto faz esta ou aquela?

4) Deus nos dá a liberdade de amá-lo e de amar-nos mutuamente. Esta livre escolha é que garante nosso relacionamento com Ele. Porém, um pecado grave pode impossibilitar a nossa comunhão com Deus. Jesus também adverte que se não socorrermos, em suas necessidades, os pobres e os pequenos, que são seus irmãos, estaremos separados dele. Sem "um coração reto" e retidão de vontade não se estabelece a união com Deus. Pelo pecado rompemos a comunhão com Deus e, "sem o Criador, a criatura se esvai". Somente através do perdão esta comunhão se restabelece.

Dirigente: Procuro praticar a caridade e viver o amor ao próximo para manter a minha comunhão com Deus e com os irmãos?

• Contribuo para um mundo melhor promovendo a justiça e a paz no ambiente em que vivo?

• Só quando a ofensa é leve é que perdôo com facilidade? Quando a ofensa é grave, prefiro a vingança ao perdão?

• Respeito meus semelhantes nos seus direitos, considerando que somos todos iguais aos olhos de Deus?

• Considero satisfatória a minha relação com Deus e com o meu próximo?

• Quando o pecado me afasta de Deus, preocupo-me em reconciliar-me com Ele, o quanto antes, procurando o Sacramento da Penitência?

5) Deus criou todas as coisas "em estado de caminhada" a fim de que a perfeição última fosse ainda atingida. Como soberano absoluto, Deus permite que o homem livremente participe da sua verdade, bondade e beleza, glorificando-o juntamente com toda a sua criação. Chamamos de Divina Providência os meios pelos quais Deus guia a sua criação para a perfeição. Ela cuida de tudo, desde as pequenas coisas até os grandes acontecimentos do mundo e da história. Embora o homem idealize, é a vontade de Deus que permanece firme e, apesar de o Pai Celeste cuidar até das pequenas necessidades de seus filhos, Ele pode se servir do concurso de suas criaturas para a realização de seus desígnios, permitindo-as completar a obra da sua criação, aperfeiçoando-lhe a harmonia em benefício de todos. "Deus coopera em tudo para o bem daqueles que o amam".

Dirigente: Confio na Providência Divina nos momentos de grandes atribulações e não me desespero?

• Quando meus planos falham, aceito a vontade de Deus que lhe é contrária?

• Lembro-me de agradecer a Deus pela sua criação, colocada ao alcance de toda criatura humana?

• Com minha maneira de viver tenho glorificado e louvado a Deus?

• Procuro melhorar ou aperfeiçoar tudo aquilo que depende de minhas ações para a maior glória de Deus e para o bem de todos?

6) Muitos são os meios para se chegar ao conhecimento de Deus. Na sua busca, o homem pode encontrá-lo pelo esforço da sua inteligência ou pelo testemunho dos outros, que o ensinam e ajudam a procurá-lo. Nas obras de criação, o homem encontra provas convincentes da existência de Deus. Também pela religiosidade da natureza humana é possível se chegar a Deus. Cri-

ado por Ele e para Ele, o homem sente a presença de Deus na sua vida e afirma a sua existência. Outro meio de conhecimento de Deus é a Revelação divina: Cristo, com a sua ressurreição, realiza a redenção oferecida por Deus em favor dos homens. Completa a revelação divina trazendo uma resposta definitiva e superabundante às perguntas que o homem se faz acerca do sentido e objetivo da sua vida. O povo de Deus testemunha sua fé acolhendo o dom da revelação divina, transmitida pelos profetas, Cristo e sua Igreja.

Dirigente: Sinto que a minha vida é uma prova da existência de Deus?

- Percebo que Deus existe através do seu poder de criação como: os animais, as flores, o mar, o céu, as montanhas, o homem, etc.?
- Acredito na revelação de Deus quando Cristo disse: "Quem me vê, vê o Pai".
- Penso que somente Deus dá sentido e objetivo à vida humana?
- Acredito que a Igreja testemunha a Revelação divina?
- Creio que os profetas foram e são realmente os arautos da Revelação divina?
- Acredito na redenção que Deus oferece ao homem por meio da morte e ressurreição de seu Filho?

7) Deus está sempre perto do homem, criado para viver em comunhão com Ele. Sendo Deus origem e fim último do homem, este não deve substituí-lo nunca. Deus deve gozar da sua preferência e estar presente nos projetos e decisões de sua vida. Para isso é preciso que o homem tenha fé, acredite na bondade de Deus e confie no seu poder para conduzi-lo. Contudo, quando o homem enfrenta o sofrimento ou passa pela experiência do mal,

a sua fé, colocada à prova, pode ser abalada. Há situações tão difíceis de viver e entender, como as grandes tragédias que às vezes acontecem na nossa vida ou na vida de um povo, que Deus pode *parecer* ausente e incapaz de evitar o mal que decorre desses acontecimentos. São os mistérios insondáveis dos desígnios de Deus. Porém, a convicção de que nada é impossível a Deus consolida a nossa fé e esperança. Se tivermos idéia, mesmo imprecisa, da onipotência divina, admitiremos, sem perplexidade, as maiores coisas, as mais incompreensíveis, e até aquelas que ultrapassam as leis da natureza. "A fé nos dá a certeza de que Deus não permitiria o mal se do próprio mal não tirasse o bem..."

Dirigente: Aceito com paciência o sofrimento ou a minha fé é tão frágil que fico desesperado e revoltado com ele?

• Costumo questionar Deus quando de um acontecimento desagradável em minha vida, com as seguintes perguntas: Por que aconteceu comigo? É castigo? Que foi que eu fiz? Deus me abandonou? Eu não mereço!

• Tenho a pretensão de julgar Deus achando que Ele é injusto porque, às vezes, permite o triunfo dos maus em prejuízo dos bons?

• Tenho dado mais importância à riqueza, ao poder, à posição social, etc., do que à presença de Deus em minha vida?

• Coloco Deus nos meus projetos subordinando-os, primeiramente, à sua vontade?

• Costumo usar meios escusos para atingir meus objetivos, pouco me importando em afastar Deus da minha vida?

• Sou fiel a Deus em qualquer circunstância de minha vida ou somente me lembro dele quando não consigo resolver minhas dificuldades?

• Aceito Deus como Senhor absoluto da minha vida, conformando-me com a sua vontade e confiante na sua misericórdia?

8) Deus, criador do universo e das criaturas, é o Senhor absoluto de toda a sua criação e dispõe, à vontade, de sua obra. Como Senhor da história, governa os corações e os acontecimentos. Não abandona a sua criatura. Pelo contrário, sustenta-a e a conduz até o seu fim último, dando-lhe o dom de agir. Para o homem, o reconhecimento da sua dependência com o Criador é fonte de sabedoria, liberdade e confiança. Deus é Amor e Pai Todo-poderoso. Sua onipotência paternal Ele demonstra pela maneira como cuida de nossas necessidades e sua misericórdia infinita é demonstrada pelo seu poder, no mais alto grau, de perdoar livremente nossos pecados.

Dirigente: Considero que tudo o que tenho ou sou depende unicamente do meu trabalho e da minha vontade?

• Acho que Deus não interfere na nossa vida e que cada um é resultado do seu próprio esforço?

• Penso que Deus é muito complacente pelo fato de perdoar sempre e também por perdoar pecados gravíssimos?

• Acredito que sou Senhor do meu destino e da minha vida e que nada devo a Deus?

• Tenho duvidado da onipotência paternal de Deus e da sua misericórdia? Penso que posso viver sem esta paternidade?

• Reconheço, com alegria, que em tudo dependo do meu Criador, e confio na sua bondade com a certeza de que Ele só quer o melhor para mim?

9) A única certeza que temos, após o nascimento, é que um dia vamos morrer. Esta certeza da morte corporal é o fim natural de todos nós, e deverá servir para nos advertir que o tempo de realização da nossa vida é limitado, e a sua duração um mistério. Por essa razão, devemos nos comportar como se tivéssemos de morrer hoje, e regular nossas ações e pensamentos em função

desta incerteza. Há pessoas que, por medo, fogem do assunto morte como se isto fosse capaz de evitá-la. Porém, uma consciência tranqüila pode diminuir o medo da morte, e melhor será evitar o pecado do que fugir da morte. Deus não quer que a alma se perca, pois Ele não predestina ninguém ao inferno. Para a condenação eterna é preciso um rompimento voluntário da comunhão com Deus, um "pecado mortal" e persistir neste rompimento até o fim. Deus nos dá "o tempo da salvação", a oportunidade de nos convertermos. Como não sabemos quando acontecerá o nosso encontro com Deus, será prudente vigiarmos sempre para não sermos apanhados de surpresa. Um sinal de arrependimento sincero, no último instante, poderá salvar-nos, pois grande é a misericórdia de Deus. Porém, não é conveniente deixarmos o arrependimento para a última hora. Poderá ser tarde demais. Depois da morte, não existe arrependimento.

Dirigente: Tenho aproveitado o meu tempo terrestre preparando-me para o encontro com Deus?

• Observo a advertência do Senhor, vigiando para não ser apanhado de surpresa na hora de minha morte?

• Nas minhas ações, nos meus pensamentos, comporto-me como se tivesse de morrer hoje?

• O medo da morte leva-me a buscar a conversão?

• Vou vivendo como bem entendo e quero, sem me preocupar com a morte, deixando para me arrepender na última hora, abusando da misericórdia de Deus?

10) Nenhum ser humano escapa da morte corporal, conseqüência do pecado original. Porém, Jesus venceu a morte com a sua ressurreição e possibilitou a todos os homens a salvação por meio da graça que lhe é oferecida. Na nossa vida, a atitude que tomarmos em relação ao próximo indicará a nossa aceitação ou recusa da graça e do amor divino manifestados em Cristo. Po-

rém, quem recusa esta graça por si mesmo se julga e, no momento de sua morte, a sua alma imortal, num juízo particular, poderá receber a condenação eterna. A retribuição eterna de cada um é imediata, conforme suas obras e sua fé. Assim sendo, o destino último da alma poderá ser diferente para uns e outros. O julgamento da alma poderá determinar, de imediato, a sua condenação para sempre, ou a sua entrada no céu, sem demora, ou através de uma purificação. O homem que acredita almeja o céu, seu último fim. Alcançar este estado de felicidade suprema e definitiva, que define o céu, depende dele e do amor misericordioso de Deus, que nunca falha.

Dirigente: Creio na existência do céu como recompensa de uma vida que foi agradável a Deus?

• Tenho o desejo de alcançar o céu ou não me preocupo com o que possa acontecer à minha alma depois da morte?

• Penso que após a morte todos vão para o mesmo lugar?

• Acho que a criatura humana é dotada de espírito e que este não morre?

• Acredito que a alma possa ser condenada eternamente?

• Creio na existência do inferno como castigo para os injustos?

• Se sou cristão, creio realmente na nossa ressurreição ou, às vezes, duvido dela, preferindo acreditar na reencarnação?

(Acréscimo do dirigente.)

6. Canto

Opção 1: Canto "Mesmo que eu não queira".

Pe. Zezinho, SCJ

(CD Ir ao povo cantar e dançar o pão, faixa 2.)

Opção 2: Canto n. 120. *Cantos e orações*. Ed. Vozes.
"Volta meu povo"
(Letra: Maria de Fátima de Oliveira. Música: Pe. José Weber)

Dirigente: A consciência, pelo conhecimento que tem do bem e do mal, é o nosso primeiro juiz, que julga nossa conduta, com todas as nossas ações, até mesmo aquelas que tentamos esconder ou dissimular. Por isso, não adianta tentarmos ignorar o pecado. Se o cometemos, sendo grave, seus efeitos rompem nosso relacionamento com Deus, perturbam a nossa paz e transformam a nossa convivência com os irmãos, além de enveredarmos por caminhos que nos afastam da salvação. Os caminhos que nos levam a ela são muitos, porém são estreitos, difíceis, cheios de obstáculos. Mas há um caminho seguro, que não falha: quando amamos a Deus e a nossos irmãos. Assim sendo, fortalecidas a nossa fé e esperança, confiemos no amor do Pai para alcançarmos a salvação eterna, pelas mãos do Filho que nos conduz e pela graça do Espírito Santo que nos move. Atendendo o apelo à conversão contido na misericórdia do Pai, rezemos juntos, com muito respeito e contrição: Confesso a Deus...

Convite à oração do *Pai-nosso*.
Aspersão pelo dirigente.

Canto

Canto n. 270. *Cantos e orações*. Ed. Vozes.
"Eu te peço desta água (és água viva)"
(Pe. Zezinho, SCJ)

7.

Pode-se proceder aqui à confissão sacramental segundo o Ritual Romano.

Dirigente (Convite à oração...)

8. Oração de ação de graças

Todos: Deus todo-poderoso e cheio de misericórdia, criastes o homem de modo admirável e mais admiravelmente o restaurastes. Não o abandonais em seu pecado, mas com amor paterno o acompanhais. Enviastes ao mundo vosso Filho para que, destruindo com sua paixão o pecado e a morte, nos devolvesse, com sua ressurreição, a vida e a alegria. Derramastes em nossos corações o Espírito Santo, para que nos tornássemos vossos filhos e herdeiros. Continuamente nos renovais com os sacramentos da salvação, para nos livrar da escravidão do pecado e nos transformar, cada dia, em imagem mais perfeita de vosso Filho amado. Nós vos damos graças pelas maravilhas da vossa misericórdia. Com toda a Igreja vos louvamos, cantando em vossa honra um cântico novo, com a voz, o coração e a vida. A Vós a glória, agora e sempre, por Jesus Cristo no Espírito Santo. Amém.

Canto (sentados)

Canto n. 139. *Cantos e orações*. Ed. Vozes.

"Nessa terra de raças"

(Letra: Frei José Moacyr Cadenassi. Música: Ir. Míria T. Kolling)

9. Bênção final

Dirigente: O Senhor esteja convosco!

Todos: Ele está no meio de nós!

Dirigente: Deus todo-poderoso vos livre sempre de toda adversidade e derrame sobre vós as suas bênçãos!

Todos: Amém!

Dirigente: Torne os vossos corações atentos à sua Palavra, a fim de que transbordeis de alegria divina!

Todos: Amém!

Dirigente: Assim, abraçando o bem e a justiça, possais correr sempre pelo caminho dos mandamentos divinos e tornar-vos co-herdeiros dos santos!

Todos: Amém!

Dirigente: Abençoe-vos Deus todo-poderoso, Pai e Filho e Espírito Santo!

Todos: Amém!

Dirigente: Ide em paz e o Senhor vos acompanhe!

Todos: Graças a Deus!

2
Fé, fortalece; esperança, impulsiona; caridade, redime

1. Introdução

Comentarista: Irmãos e irmãs, aqui nos reunimos mais uma vez trazidos pela nossa fé, a fim de celebrarmos esta confissão penitencial comunitária. A fé que nos une, fortalecida no amor de Deus, permite-nos testemunhar-lhe a nossa fidelidade, e como filhos do mesmo Pai, em união fraterna, buscar o seu perdão e a reconciliação interrompida com Deus e com os irmãos, por causa dos nossos pecados. Que este encontro consolide a nossa vida de fé e aumente a nossa esperança de uma conversão sincera. De pé, cantemos:

Canto

Opção 1: Canto n. 223. *Louvemos o Senhor*.
"Eu creio em Deus"
(Pe. José Cândido)

Opção 2: Canto n. 1.136. *Cantos e orações*. Ed. Vozes.
"Senhor, em ti espero"
(Ir. Míria T. Kolling)

2. Acolhida

Dirigente: Em nome do Pai...

Irmãos, o cristão autêntico dá sempre testemunho da sua fé e está constantemente em comunhão com Deus e com os irmãos. Sua alegria é participar da sua comunidade, que lhe proporciona apoio na caminhada. Sua fé, fortalecida pelo amor divino, permite-lhe superar as dificuldades do seu dia-a-dia. Esta fé também sustenta a esperança e a confiança de se sentir perdoado. Pela misericórdia do Pai, ele restabelece a reconciliação com Deus e com seus irmãos. Lembremos que Cristo morreu e ressuscitou para nos libertar do pecado. É Ele que vai nos ajudar a revigorar a nossa fé durante esta celebração. Assim perdoados, possibilitamos um futuro melhor para nossas vidas. Celebrando esta penitência com fé e esperança, podemos, com a misericórdia de Deus, almejar a salvação, que só se confirma com a prática da caridade e da justiça, sempre recomendadas por Jesus Cristo.

Todos: Ó Deus, confiamos em sua bondade de Pai e arrependidos pedimos que venha ao nosso encontro para nos socorrer. A sua palavra de vida eterna nos ensina e mostra o caminho do arrependimento. Que ela torne nossos corações sensíveis e nos ajude no nosso exame de consciência.

3. Liturgia da Palavra

1ª leitura (Rm 5,1-11)

Comentarista: Pela fé obtemos a paz, o acesso à graça, a paciência nos sofrimentos e a esperança certa da salvação.

Salmo de meditação (Sl 68)

Refrão: Atendei-me, ó Senhor, pelo vosso imenso amor!

1) Por vossa causa é que sofri tantos insultos,
e o meu rosto se cobriu de confusão; eu me tornei
como um estranho a meus irmãos, como estrangeiro
para os filhos de minha mãe. Pois meu zelo e meu
amor por vossa causa me devoram como fogo abrasador.

2) Por isso elevo para vós minha oração, neste tempo
favorável, Senhor Deus! Respondei-me pelo vosso
imenso amor, pela vossa salvação que nunca falha!
Senhor, ouvi-me, pois suave é vossa graça, ponde
os olhos sobre mim com grande amor!

3) Pobre de mim, sou infeliz e sofredor! Que vosso
auxílio me levante, Senhor Deus. Cantando, eu
louvarei o vosso nome e agradecendo exultarei
de alegria!

4) Humildes, vede isto e alegrai-vos: o vosso coração
reviverá, se procurardes o Senhor continuamente:
Pois nosso Deus atende à prece dos seus pobres,
e não despreza o clamor de seus cativos. Que céus
e terra glorifiquem o Senhor com o mar e todo
ser que neles vivem!

Evangelho (Mt 21,28-32)

Comentarista: "Jesus nos indica a figura dos pecadores públicos que se convertem à justiça, e ao mesmo tempo nos mostra os chefes do povo, que se consideram justos e não se convertem". De pé, aclamemos o Evangelho, cantando:

Canto

Opção 1: Canto n. 465. *Cantos e orações*. Ed. Vozes.
"Vai falar no Evangelho"
(Ir. Míria T. Kolling)

Opção 2: Canto n. 477. *Cantos e orações*. Ed. Vozes.
"O Evangelho é a boa-nova"
(Pe. José Freitas Campos)

Proclamação do Evangelho

Dirigente

4. Homilia

Canto

Opção 1: Canto n. 914. *Louvemos o Senhor*.
"Vós sois meu Pastor"
(Robert Jef. CD As mais lindas canções...)

Opção 2: Canto n. 157. *Cantos e orações*. Ed. Vozes.
"Senhor, que a tua Palavra"
(Ir. Míria T. Kolling)

5. Pedidos de perdão

Comentarista: Caríssimos, para alcançarmos algo que desejamos muitas vezes temos de lutar, transpor barreiras e obstáculos. É preciso ter fé para seguir em frente. Sem a fé ficamos perdidos, sem caminho. Outra virtude própria do ser humano é a esperança, que também incentiva o homem na sua caminhada. A esperança une-se à fé e com ela se confunde quando o objetivo é buscar a vida eterna. Outra característica da esperança é diminuir os efeitos das tempestades de nossas vidas quando se pensa que "tudo vai passar" ou que "amanhã será melhor". Porém, não podemos esquecer que o amor está acima de tudo, numa posição muito mais elevada do que a fé e a esperança, e em situação privilegiada, pois ele dura eternamente. Encontramos na caridade a expressão do amor, a sua manifestação concreta, o que a torna também eterna. Das três virtudes, a caridade é a maior. São Paulo, em carta escrita aos coríntios, explica que a caridade é paciente, é benigna; a caridade não é invejosa, não é orgulhosa, não se ensoberbece; não é descortês, nem interesseira, não guarda rancor, não se alegra com a injustiça, mas se compraz com a verdade; tudo desculpa, tudo crê, tudo tolera. Com o auxílio desta reflexão, vamos neste momento confessar nossas faltas para alcançarmos ardentemente a reconciliação que nos traz a salvação.

1) Tenho fé no Cristo ressuscitado ou a minha fé é tão frágil que, quando as coisas vão mal, o menor obstáculo ou as provações da vida me levam a duvidar da sua existência? (Pausa)

– Perdão, Senhor, porque não procuro e não consigo, através da oração e das boas obras, fortalecer a minha fé a ponto de me entregar inteiramente à vontade do Pai, sem que a minha fé se desvaneça no primeiro sinal de tempestade.

Canto (todos)

Canto n. 902. *Cantos e orações*. Ed. Vozes.

"Perdão, Senhor, tantos erros cometi"

(Luiz Carlos Agostini)

Somente o refrão.

2) Sou capaz de testemunhar a fé que professo, participar das celebrações da Igreja, dos movimentos religiosos da comunidade, sem medo de críticas desairosas, ou tenho preconceitos que me impedem de demonstrar a minha religião? (Pausa)

– Perdão, Senhor, porque não sou capaz de professar incondicionalmente a minha fé, em qualquer situação ou lugar em que me encontre.

Canto

Repetir o **refrão** do canto anterior.

3) A fé é dom e graça de Deus. Entretanto, não valorizo essa graça e muitas vezes me comporto como pessoa incrédula, descrente das coisas de Deus, duvidando de Jesus Cristo e de suas promessas? (Pausa)

– Perdão, Senhor, porque não assumi o meu batismo, não vivo como cristão e nada faço para reverter esta situação.

Canto

Repetir o **refrão** do canto anterior.

4) Jesus veio libertar os cativos, curar doentes, socorrer os abandonados, os marginalizados. Veio promover a justiça e trazer alento e esperança para os sofredores. Eu acredito e espero que seja assim, e dou testemunho de fé enfrentando com coragem e esperança os desafios? (Pausa)

– Perdão, Senhor, porque não consigo conter meu desespero diante das frustrações, nem sou capaz de esperar, confiante, que a misericórdia de Deus venha em meu socorro.

Canto

Repetir o **refrão** do canto anterior.

5) Todos aqueles que assumem em suas vidas os valores do Evangelho têm a esperança da plena instauração da justiça do

Reino de Deus no mundo. Eu me incluo entre essas pessoas, que assim procedem, ou acho que nada tenho a ver com isso? (Pausa).

– Perdão, Senhor, porque a minha fé e esperança são tão pequenas que estou sempre duvidando das propostas de Cristo e, principalmente, da luta dos cristãos em promover a justiça.

Canto

Repetir o **refrão** do canto anterior.

6) Nossa vida é guiada pela fé, que fortalece nossa vontade, e pela esperança, que nos impulsiona a seguir em frente. O cristão consciente, ao longo de sua jornada, usa a fé e a esperança para alcançar seu último objetivo: a vida eterna, a contemplação de Deus face a face. Eu me deixo guiar pela fé e esperança na minha caminhada ou experimento o medo de uma existência sem sentido? (Pausa)

– Perdão, Senhor, por ter um coração medroso, que não se compromete com o seu Evangelho e que não procura mudar de vida para segui-lo.

Canto

Repetir o **refrão** do canto anterior.

7) Como cristão, devo ser no mundo sinal e portador do amor de Deus aos homens. Devo amar, perdoar, servir e dar a vida pelos irmãos, a exemplo de Cristo. Os requisitos da caridade são os mesmos do amor; em ambos não há fronteiras. E a minha caridade é interesseira ou procuro ajudar, ainda mais, aqueles que não podem me recompensar? (Pausa)

– Perdão, Senhor, porque o meu orgulho, egoísmo e discriminação me impedem de praticar a caridade e de confortar aqueles que sofrem.

Canto

Repetir o **refrão** do canto anterior.

8) A caridade do bom samaritano, que perde parte do seu tempo para socorrer o estrangeiro, é exemplo de serviço, doação, generosidade, fraternidade e amor vividos e ensinados por Cristo. Meu comodismo e minhas ocupações são tão grandes que me impedem de mover uma palha sequer em benefício dos meus irmãos necessitados? (Pausa)

– Perdão, Senhor, por ter um coração atravancado, resistente, fechado ao amor fraterno e insensível a qualquer gesto de solidariedade humana.

Canto

Repetir o **refrão** do canto anterior.

9) Como somos todos irmãos e filhos do mesmo Pai, não há razão para que o orgulho, a vaidade, a vingança, o espírito de superioridade e as distinções subsistam nas nossas relações de fraternidade. Baseado nesta verdade sou capaz de praticar a generosidade, de tratar com igualdade, justiça e respeito meus semelhantes? (Pausa)

– Perdão, Senhor, por não ser capaz de perdoar quem me ofende e por fazer distinções entre as pessoas que de mim precisam, ajudando apenas aquelas que me são simpáticas ou agradáveis.

Canto

Repetir o **refrão** do canto anterior.

10) Ser cristão hoje é lutar pela vida e pela esperança, é viver a fraternidade humana, é descobrir Jesus na pessoa de cada irmão e irmã, é se empenhar por melhores condições de vida para todos, colaborando para a construção do Reino de Deus. Seu dever é promover a justiça e a paz; deve saber partilhar e perdoar. Será que todos nós, aqui reunidos com o mesmo propósito de obter o perdão de Deus e alcançar a salvação, podemos dizer que somos cristãos autênticos, que vivemos ou procuramos viver e seguir todas estas exigências que Deus estabeleceu para aqueles que o amam de verdade e se consideram seus filhos? (Pausa)

– Perdão, Senhor, porque nossa fé é fraca, nossa esperança sem expressão, nossa caridade restrita, muitas vezes mesquinha, e o nosso amor, a Deus e a nossos irmãos, imperfeito e incapaz de estabelecer a união entre Pai, filhos e irmãos.

Canto

Repetir o **refrão** do canto anterior.

Acréscimo do dirigente.

6. Canto

Canto n. 902. *Cantos e orações*. Ed. Vozes.
"Perdão, Senhor, tantos erros cometi"
(Luiz Carlos Agostini)
Na íntegra.

Dirigente: Sabemos muito bem que Deus, nosso Pai, conhece-nos desde antes do nosso nascimento. Por isso, tudo vê, tudo percebe e tudo sonda, até mesmo as profundezas do nosso coração e dos nossos pensamentos. Sendo assim, sabe de nossas fraquezas e o quanto somos incapazes de realizar o nosso desejo de mudança de vida. Seu amor de Pai está sempre nos rondando, com sua mão estendida a cada queda nossa, pronto a nos levantar e ajudar. Confiantes na sua misericórdia, rezemos: *Confesso a Deus...*

Convite à oração do Pai-nosso.

7.

Pode-se proceder aqui à confissão sacramental segundo o Ritual Romano.

Dirigente (Convite à oração...).

8. Oração de ação de graças

Todos: Ó Espírito Santo, Espírito de amor e de verdade, autor da santificação das nossas almas, eu vos adoro como o princípio de minha felicidade eterna. Muitas graças vos dou. Soberano Dispensador dos benefícios que do céu recebo, e vos invoco como a fonte das luzes e da fortaleza que me são necessárias para conhecer o bem e para praticá-lo. Espírito de luz e de fortaleza, alumiai o meu entendimento, fortificai a minha vontade, purificai o meu coração, regulai todos os meus movimentos, e fazei-me dócil a todas as vossas inspirações. Espírito Consolador, aliviai as penas e os trabalhos que me afligem neste vale de lágrimas; dai-me conformidade e paciência para que eu mereça fazer neste mundo penitência dos meus pecados e gozar no outro a luz de eterna bem-aventurança. Amém.

Canto

Canto n. 571. *Cantos e orações*. Ed. Vozes.
"Me chamaste para caminhar"
(Alfred Mercica)

9. Bênção final

Dirigente: Deus todo-poderoso, fonte e origem de toda bênção, vos conceda a sua graça, derrame sobre vós as suas bênçãos e vos guarde sãos e salvos todos os dias de vossas vidas!

Todos: Amém!

Dirigente: Que Ele vos conserve íntegros na fé, pacientes na esperança e perseverantes até o fim na caridade!

Todos: Amém!

Dirigente: Que Ele disponha em sua paz vossos atos e vossos dias, atenda sempre as vossas preces e vos conduza à vida eterna!

Todos: Amém!

Dirigente: Abençoe-vos Deus todo-poderoso, Pai e Filho e Espírito Santo!

Todos: Amém!

Dirigente: Ide em paz, e o Senhor vos acompanhe!

Todos: Graças a Deus!

3
Volta aos braços do Pai

1. Introdução

Comentarista: Irmãos e irmãs, estamos aqui reunidos, em nome de Jesus Cristo, para nossa celebração penitencial. Ninguém pode dizer que não tem pecado, mesmo porque o ser humano já nasce com a marca do pecado original. Porém, o homem é dotado de qualidades e defeitos, que muitas vezes o levam a um comportamento inadequado, por causa de suas falhas. Mas, quem não falha? Lembremos que esta falha, muitas vezes, nos leva a pecar, e o pecado é tudo aquilo que nos afasta de Deus e do nosso próximo, prejudicando assim a nossa convivência. Contudo, a nossa grande esperança está no perdão de Deus. Por ela a harmonia da convivência é restabelecida e garantido o nosso retorno à comunhão com o Pai. Sabemos que Ele vai nos julgar não tanto pelos erros que cometemos, mas muito mais pelo amor que vivemos. Confiantes na misericórdia do Pai, de pé, cantemos:

Canto

Opção 1: Canto n. 266. *Cantos e orações*. Ed. Vozes.

"A minh'alma tem sede de Deus"

(Letra: Reginaldo Veloso. Música: Pe. José Weber)

Opção 2: Canto n. 127. *Cantos e orações*. Ed. Vozes.
"Sabe quanto custa"
(Letra: J. Thomaz Filho. Música: Frei Fabreti)

2. Acolhida

Dirigente: Em nome do Pai...

Deus, que reconduz à unidade aqueles que o pecado separou, cure vossos corações feridos e fortaleça vossas fragilidades.

Todos: Deus, que é todo-poderoso e cheio de misericórdia, abra nossos corações para acolhermos sua Palavra e nos convertermos sinceramente.

3. Liturgia da Palavra

1ª leitura (2Cor 2,5-11)

Comentarista: Paulo perdoa o ofensor, já readmitido, o qual provavelmente contestou a sua autoridade apostólica escandalizando a todos.

Salmo de meditação (Sl 125)

Refrão: Maravilhas fez conosco o Senhor, exultemos de alegria!

1) Quando o Senhor reconduziu nossos cativos,
parecíamos sonhar; encheu-se de sorriso
nossa boca, nossos lábios, de canções.

2) Entre os gentios se dizia: "Maravilhas fez
com eles o Senhor!" Sim, maravilhas fez
conosco o Senhor, exultemos de alegria!

3) Mudai a nossa sorte, ó Senhor, como torrentes
no deserto. Os que lançam as sementes entre
lágrimas ceifarão com alegria.

4) Chorando de tristeza sairão, espalhando suas sementes;
cantando de alegria voltarão,
carregando os seus feixes!

Evangelho (Lc 15,11-32)

Comentarista: O processo de conversão começa com a tomada de consciência: O filho mais novo sente-se perdido economica e moralmente. A acolhida do pai e as medidas tomadas mostram não só o perdão, mas também o restabelecimento da dignidade do filho. O filho mais velho é justo e perseverante, mas é incapaz de aceitar a volta do irmão e o amor do pai que o acolheu. Recusa-se a participar da alegria. Com esta parábola, Jesus faz apelo supremo para que os doutores da Lei e os fariseus aceitem partilhar da alegria de Deus pela volta dos pecadores à dignidade da vida. De pé, aclamemos o Evangelho, cantando:

Canto

Opção 1: Canto n. 147. *Cantos e orações*. Ed. Vozes.
"Porque és, Senhor, o caminho"
(Ir. Míria T. Kolling)

Opção 2: Canto n. 511. *Cantos e orações*. Ed. Vozes.
"Aleluia! Vamos aclamar"
(Letra: D. Carlos Alberto Navarro. Música: Ir. Míria T. Kolling)

Proclamação do Evangelho

Dirigente: O Senhor esteja...

"Jesus continuou: Um homem tinha dois filhos. O mais moço disse a seu pai: Meu pai, dá-me a parte da herança que me toca. O pai, então, repartiu entre eles os haveres. Poucos dias depois, ajuntando tudo que lhe pertencia, partiu o filho mais moço para um país muito distante, e lá dissipou a sua fortuna, vivendo dissolutamente."

Comentarista: Deus nos dá a liberdade de agir e ela deve ser preservada. O pai, consciente dessa verdade, não impede a saída do filho, nem o obriga a ficar para não contrariar a sua decisão. O jovem iludido procura o seu próprio caminho. Assim também acontece quando pecamos, pois nos afastamos de Deus, nosso Pai, para satisfazer a nossa vontade.

Dirigente: "Depois de ter esbanjado tudo, sobreveio àquela região uma grande fome, e ele começou a passar penúria. Foi pôr-se ao serviço de um dos habitantes daquela região, que o mandou para os seus campos guardar os porcos. Desejava ele fartar-se das vagens que os porcos comiam, mas ninguém lhas dava. Entrou então em si e refletiu: Quantos empregados há na casa de meu pai que têm pão em abundância... e eu, aqui, estou a morrer de fome".

Comentarista: A conseqüência do pecado é sempre negativa. É preciso que o sofrimento sobrevenha para nos arrependermos e procurarmos reencontrar a paz e a felicidade que perdemos quando erramos.

Dirigente: "Levantar-me-ei e irei a meu pai e dir-lhe-ei: Meu pai, pequei contra o céu e contra ti, já não sou digno de ser chamado seu filho; trata-me como a um dos teus empregados".

Comentarista: O jovem reconhece que errou. Humildemente planeja voltar ao lar de onde saiu porque quis, imaginando que seria mais feliz longe de casa. Reconhece também que pecou contra o Pai Criador, que não é digno da filiação paterna e que merece ser punido. Seu arrependimento é sincero.

Dirigente: "Levantou-se, pois, e foi ter com seu pai. Estava ainda longe quando seu pai o viu e, movido de compaixão, correu-lhe ao encontro, lançou-se-lhe ao pescoço e o beijou. O filho lhe disse então: Meu pai, pequei contra o céu e contra ti, já não sou digno de ser chamado teu filho".

Comentarista: O filho não fica apenas com a intenção de voltar. Parte para a ação e realiza o caminho de volta. Por sua vez, o pai recebe o filho com carinho. A alegria de tê-lo de volta é maior que o erro do filho. A atitude do pai e do filho permite a reconciliação entre eles. O pai perdoando e o filho penitenciando-se. É restabelecida a união entre os dois. Às vezes, nós não passamos das boas intenções com relação ao Pai Celeste e aos irmãos. Prometemos mudanças que não acontecem porque continuamos cometendo os mesmos erros.

Dirigente: "Mas o pai falou aos servos: Trazei depressa a melhor veste e vesti nele, e ponde-lhe um anel no dedo e calçado nos pés. Trazei também um novilho gordo e matai-o; comamos e façamos uma festa. Este meu filho estava morto, e reviveu; tinha-se perdido e foi achado. E começaram a festa".

Comentarista: O pai está feliz e precisa festejar o reencontro com o filho. Não questiona a sua atitude, não lhe pede explicação. A sua presença é mais importante do que qualquer prestação de contas. A angústia do pai esperando o retorno do filho finalmente acaba, e a maneira como o acolhe expressa o seu perdão. Ele quer que o filho comece uma vida nova e sente que é preciso comemorar a sua volta para que todos saibam e compartilhem da sua alegria com o renascimento do filho. O pai restabelece a dignidade do filho.

Dirigente: "O filho mais velho estava no campo. Ao voltar e aproximar-se da casa, ouviu a música e as danças. Chamou o servo e perguntou-lhe o que havia. Ele lhe explicou: Voltou teu irmão. E teu pai mandou matar um novilho gordo, porque o reencontrou são e salvo. Encolerizou-se ele e não queria entrar; mas seu pai saiu e insistiu com ele".

Comentarista: O filho mais velho não compreende a atitude de acolhimento do pai e se revolta contra ele. Certamente esperava que o pai punisse o irmão e não que o premiasse com roupas novas e festa. Sua atitude de repulsa à presença do irmão demonstra ciúme, inveja, egoísmo. Recusa participar da festa. Ele é incapaz de se alegrar com a alegria do pai.

Dirigente: "Ele, então, respondeu ao pai: Há tantos anos que te sirvo, sem jamais transgredir ordem alguma tua, e nunca me deste um cabrito para festejar com os meus amigos. E agora que voltou este teu filho, que gastou os teus bens com as meretrizes, logo lhe mandaste matar um novilho gordo!"

Comentarista: O filho certinho questiona o pai. Reclama porque ele nunca o premiara nem reconhecera a sua conduta exemplar. Acha-se o único merecedor das atenções e do amor do pai. Sente-se injustiçado com o tratamento dado ao irmão.

Dirigente: "Explicou-lhe o pai: Filho, tu estás sempre comigo, e tudo que é meu é teu; convinha, porém, fazermos festa, pois que este teu irmão estava morto e reviveu, tinha-se perdido e foi achado".

Comentarista: O pai tenta explicar ao filho suas razões em receber festivamente o filho mais novo. Entretanto, a revolta do filho mais velho continua. Ele é pretensioso e aponta, sem piedade, os erros do irmão e não aceita as explicações do pai. Seu coração endurecido não tem lugar para o perdão. Sua intransigência afasta qualquer possibilidade de retornar a conviver com o irmão.

Conclusão: A atitude do Pai Celeste para conosco é a mesma do pai da parábola: Não faz perguntas, não questiona, não critica a atitude dos filhos, não repreende nem castiga. Lembremos da Parábola da Ovelha Perdida, quando o pastor, "chegando em casa, reúne amigos e vizinhos para dizer: 'Alegrem-se comigo! Eu encontrei a minha ovelha que estava perdida'. E eu lhes declaro: Assim, haverá no céu mais alegria por um só pecador que se converte, do que por noventa e nove justos que não precisam de conversão".

Portanto, a festa é a festa do perdão.

4. Homilia

Canto

Opção 1: Canto n. 436. *Cantos e orações*. Ed. Vozes.
"Se um dia caíres"
(Letra: D. Carlos Alberto Navarro. Música: Waldeci Farias)

Opção 2: Canto n. 317. *Juntos cantemos ao Senhor.*
"Senhor, que a tua Palavra"
(Ir. Míria T. Kolling)

5. Pedidos de perdão

Comentarista: Todos nós temos um pouco de cada filho da parábola refletida: O mais novo usa mal a sua liberdade e o resultado é desastroso. O mais velho é intransigente, egoísta, invejoso e incapaz de se alegrar com a volta do irmão. Não sabe perdoar. O pai oferece ao filho, que estava perdido, os braços abertos para o perdão e o colo para o aconchego. E nós, quantas vezes somos capazes de atitudes semelhantes? Constantemente o Pai Celeste nos oferece o seu perdão, quantas vezes forem necessárias, para manter a nossa comunhão com Ele. O Pai, demonstrando o seu amor por nós, enviou seu Filho para que Ele, pela força do Espírito Santo, cumprisse o seu projeto de salvação. Confiantes nesse projeto, façamos nosso exame de consciência e peçamos o perdão de nossos pecados para obtermos a vida nova que Cristo nos oferece, restabelecendo assim nossa união com Deus.

1) A criatura humana, dotada de livre-arbítrio, escolhe seu próprio caminho, pois Deus não lhe tolhe a liberdade.

– Quantas vezes abandonei o caminho reto e me enveredei por caminhos tortuosos, procurando os prazeres da vida, o poder, a ambição de ter sempre mais e, numa vida de depravação e escândalo, busquei minha própria perdição? (Pausa)

– Perdão, Senhor, porque procurando o caminho mais fácil para viver, descomprometido comigo e com meus irmãos, me afastei de Vós.

Canto (todos)

Canto n. 892. *Cantos e orações*. Ed. Vozes.

"Senhor, Senhor, piedade de nós"

(Pe. José Cândido da Silva)

Somente o refrão.

2) O homem perdulário, que gasta desregradamente, só quando perde tudo é que dá valor aos tempos de fartura e de bem-estar. Somente quando sente privações, na sua própria pele, é que começa a compreender o sofrimento e as necessidades de seus semelhantes.

Quantas vezes esbanjei meus bens materiais, gastei com supérfluos, quando, à minha volta, tantos passavam fome? (Pausa)

– Perdão, Senhor, por ter negado ajuda aos meus irmãos carentes, nada fazendo para aliviar seus sofrimentos.

Canto

Repetir o **refrão** do canto anterior.

3) A criatura orgulhosa e egoísta, de coração duro, empedernido, só percebe o seu comportamento errado quando se sente ameaçada pela fome e desespero. (Pausa)

– Perdão, Senhor, por todas as vezes que o meu orgulho cegou-me os olhos, impedindo-me de compartilhar o sofrimento de meus irmãos mais pobres.

Canto

Repetir o **refrão** do canto anterior.

4) Todo pecado tem o seu perdão, por mais grave que ele seja. Deus não quer condenar nem castigar ninguém. Ele quer que o pecador se salve, e para isto lhe oferece constantemente o seu perdão. (Pausa)

– Perdão, Senhor, porque, embora reconhecendo meus erros, não tive a coragem de buscar auxílio na minha família, duvidando de sua acolhida. Perdão, também, porque não busquei a reconciliação convosco, duvidando de vossa misericórdia.

Canto

Repetir o **refrão** do canto anterior.

5) Reconhecer que pecou, que perdeu os direitos de filho com relação ao pai, é um ato de humildade e o primeiro passo para a conversão, que se concretiza com o arrependimento sincero. (Pausa)

– Perdão, Senhor, por todas as vezes que me tornei indigno de ser chamado vosso filho, e pelo meu pecado me afastei de Vós, rompendo o laço de união Pai-filho.

Canto

Repetir o **refrão** do canto anterior.

6) O pai não perde a esperança de ter seu filho de volta ao lar e, com paciência, não se cansa de esperar. Quando isto acontece, alegra-se tanto que a sua bondade surpreende o próprio filho. Sua alegria é sinal antecipado do seu perdão. (Pausa)

– Perdão, Senhor, por todas as vezes que não honrei meus pais, não ouvi seus conselhos, nem segui seus exemplos, tornando-me um filho rebelde, desnaturado, só lhes dando desgostos.

Canto

Repetir o **refrão** do canto anterior.

7) Cometer pecado contra o semelhante é pecar também contra Deus; é ofendê-lo. E quem rejeita a correção, e permanece no erro, faz pouco caso de sua vida; mas quem ouve a repreensão adquire sabedoria e evita reincidir no pecado. (Pausa)

– Perdão, Senhor, porque não corrijo meus defeitos e cometo sempre os mesmos erros, não me mantendo firme no propósito de uma conversão verdadeira, de mudança de vida e de comportamento.

Canto

Repetir o **refrão** do canto anterior.

8) O pai assume uma atitude sábia diante do filho que regressa. Sua presença é tão importante que supera qualquer explicação do filho sobre o seu comportamento quando saiu de casa. O momento é de festa. É preciso que todos saibam e compartilhem da sua felicidade com a volta do filho. (Pausa)

– Perdão, Senhor, porque o que possuí não dividi com meus semelhantes, principalmente com aqueles mais carentes; e os momentos de vida boa reparti com aqueles que se diziam meus amigos, mas que, na realidade, me exploravam. Perdão, também, porque não permiti a aproximação dos que necessitavam de mim.

Canto

Repetir o **refrão** do canto anterior.

9) O pai quer festejar o regresso do filho que se achava desaparecido. O irmão invejoso sente-se lesado e não aceita a acolhida festiva do irmão ingrato, nem se regozija com a sua volta. (Pausa)

– Perdão, Senhor, porque muitas vezes fui invejoso, cobicei as coisas alheias e desejei mal ao meu próximo, julgando-o sem merecimento.

Canto

Repetir o **refrão** do canto anterior.

10) Cada uma de nossas quedas corresponde a um gesto de amor e de perdão de Deus. Ele está sempre com a mão estendida para nos ajudar a levantarmos. (Pausa)

– Perdão, Senhor, por todas as vezes que resisti ao vosso chamado de conversão, que vos virei as costas e não me reaproximei de Vós. Perdão por toda a minha ingratidão e por não confiar no vosso amor e na vossa misericórdia para comigo.

Canto

Repetir o **refrão** do canto anterior.

Acréscimo do dirigente.

6. Canto

Canto n. 434. *Cantos e orações*. Ed. Vozes.

"Muito alegre eu te pedi"

(Letra: D. Carlos Alberto Navarro. Música: Waldeci Farias)

Dirigente: O Senhor conhece vossos corações e vossos pensamentos. Por mais que vos fira uma ofensa, deveis primeiro perdoar quem vos ofendeu para depois buscar o perdão de Deus, que não vos abandona, mas que vem ao vosso encontro para oferecer-vos a salvação. Arrependidos, confesseis vossos pecados para que a bondade infinita do Pai vos perdoe. Rezemos: Confesso a Deus...

Convite à oração do Pai-nosso.

7.

Pode-se proceder aqui à confissão sacramental segundo o Ritual Romano.

Dirigente (Convite à oração...)

8. Oração de ação de graças

Todos: Deus eterno e todo-poderoso, é nosso dever dar-vos graças em todo tempo e lugar, pois repreendeis com justiça e perdoais com bondade, manifestando de um modo e de outro a vossa misericórdia. Vós nos tratais dessa forma para que, ao castigar-nos, não pereçamos para sempre, e, ao perdoar-nos, tenhamos tempo de emenda. Por Nosso Senhor Jesus Cristo, vosso Filho, na unidade do Espírito Santo. Amém.

Canto

Canto n. 432. *Cantos e orações*. Ed. Vozes.

"Sou Bom Pastor"

(Letra: D. Carlos Alberto Navarro. Música: Waldeci Farias)

9. Bênção final

Dirigente: O Senhor esteja convosco!

Todos: Ele está no meio de nós.

Dirigente: Deus, Pai de misericórdia, conceda a todos vós, como concedeu ao filho pródigo, a alegria do retorno a casa!

Todos: Amém.

Dirigente: O Senhor Jesus Cristo, modelo de oração e de vida, vos guie nesta caminhada a uma verdadeira conversão!

Todos: Amém.

Dirigente: O Espírito de sabedoria e fortaleza vos sustente na luta contra o mal, para poderdes com Cristo celebrar a reconciliação com o Pai.

Todos: Amém.

Dirigente: Abençoe-vos Deus todo-poderoso, Pai e Filho e Espírito Santo!

Todos: Amém.

Dirigente: Ide em paz e o Senhor vos acompanhe!

Todos: Graças a Deus!

4
Perdoar para ser perdoado

1. Introdução

Comentarista: Irmãos e irmãs, Deus, na sua infinita bondade, enviou-nos seu Filho muito amado, Jesus Cristo, que, por sua morte redentora na cruz, trouxe-nos a salvação. Com esta prova de amor Ele nos mostra que não nos abandona, mas vem ao nosso encontro, como pecadores que somos, para oferecer-nos o perdão. Se desobedecemos aos seus mandamentos, se somos descrentes, se o desprezamos e o ofendemos, estamos pecando. Ora, se é Deus o ofendido, somente Ele tem a prerrogativa de perdoar pecados, porque o perdão só pode ser conferido por quem recebe a ofensa. Daí o perdão não ser somente de Jesus. Ele é sobretudo do Pai Celeste. Quando nos convertemos sinceramente e nos propomos mudar de vida, entramos em união com Deus. Peçamos que a sua bondade oriente nossas consciências e nos prepare para esta celebração penitencial. De pé, cantemos:

Canto

Opção 1: Canto n. 1.081. *Cantos e orações*. Ed. Vozes.
"Perdão, Senhor, perdão"
(Pe. Nereu de Castro Teixeira)

Opção 2: Canto n. 1.080. *Cantos e orações*. Ed. Vozes.
"Se sofrimentos te causei, Senhor"
(Letra: Adap. de U. Cantoni e P.S. Souza. Música: Pe. José Weber).

2. Acolhida

Dirigente: Em nome do Pai...

A vossa conversão deve ser verdadeira e baseada no amor, porque Deus conhece o íntimo de vossos corações. Vossas atitudes para com Deus devem ser fiéis e não podem ser dissimuladas. Por isso, para merecerdes o perdão de Deus, é necessário pedi-lo com sinceridade e humildade. Este pedido é uma confissão de culpa, é um ato de confiança na misericórdia divina e uma aceitação de vossas fragilidades.

Todos: Deus não se cansa de perdoar o pecador quantas vezes forem necessárias. Humildemente arrependidos e confiantes no seu amor misericordioso, sejamos atentos à sua Palavra, que nos ajudará a preparar os nossos corações para recebermos o perdão divino.

3. Liturgia da Palavra

1ª leitura (Rm 12,9-21)

Comentarista: Paulo expõe os deveres gerais que devem nortear a vida do cristão. Este deve oferecer a Deus corpo e alma para o cumprimento de sua vontade e, sobretudo, viver em caridade fraterna.

Salmo de meditação (Sl 33)

Refrão: Bendito o Senhor que salva os seus amigos!

1) Bendirei o Senhor Deus em todo o tempo,
seu louvor estará sempre em minha boca.
Minha alma se gloria no Senhor,
que ouçam os humildes e se alegrem!

2) O Senhor pousa seus olhos sobre os justos,
e seu ouvido está atento ao seu chamado;
mas ele volta a sua face contra os maus,
para da terra apagar sua lembrança.

3) Clamam os justos, e o Senhor bondoso escuta
e de todas as angústias os liberta.
Do coração atribulado Ele está perto
e conforta os amigos de espírito abatido.

4) Muitos males se abatem sobre os justos,
mas o Senhor de todos eles os liberta.
Mesmo os seus ossos ele os guarda e os protege,
e nenhum deles haverá de se quebrar.

5) A malícia do iníquo leva à morte,
e quem odeia o justo é castigado.
Mas o Senhor liberta a vida dos seus servos,
e castigado não será quem nele espera.

6) O anjo do Senhor vem acampar
ao redor dos que o temem, e os salva.
Provai e vede quão suave é o Senhor!
Feliz o homem que tem nele o seu refúgio!

Evangelho (Lc 6,27-38)

Comentarista: Jesus nos ensina que em uma sociedade justa e fraterna devemos perdoar ilimitadamente, e que nossas relações sejam sempre gratuitas, assim como é infinito o amor do Pai. De pé, aclamemos o Evangelho, cantando:

Canto

Opção 1: Canto n. 2. *Cantos e orações*. Ed. Vozes.

"Envia tua Palavra"

(Pe. José Weber. Ed. Paulus, CD 1.)

Opção 2: Canto n. 674. *Cantos e orações*. Ed. Vozes.
"É só no silêncio"
(Ir. Míria T. Kolling)

Proclamação do Evangelho

Dirigente

4. Homilia

Canto:

Opção 1: Canto n. 845. *Cantos e orações*. Ed. Vozes.
"Senhor, eu sei que tu me sondas (Sonda-me)" (Sl 138).
(Aílton Paulo Simoneti. Associação do Senhor Jesus, CD 5.)

Opção 2: Canto n. 843. *Cantos e orações*. Ed. Vozes.
"Tu és a luz, Senhor"
(Reginaldo Veloso. Ed. Paulinas, Comep CD 9.)

5. Pedidos de perdão

Comentarista: Na nossa peregrinação terrestre, às vezes, construímos barreiras, verdadeiros muros de separação, e como se não bastasse chamamos nosso irmão de "mentiroso", "orgulhoso", "insensível", "traidor", "mesquinho", etc. Tudo isso por causa de nossos juízos quase sempre falsos ou errados. Porém, Jesus sabe que podemos mudar, que o nosso semelhante também pode mudar; basta ter a oportunidade para mostrar que pode ser diferente. Por isso, Ele colocou o seu espírito em nosso coração para que fôssemos capazes de ser como Ele. Quantas vezes a nossa paz é prejudicada pelo pecado? Quando assim acontece, só o perdão de Deus pode devolvê-la. Neste momento, examinemos nossa consciência, lembrando que o perdão do Pai chega até nós através de Jesus Cristo, e peçamos a Ele a reconciliação com nós mesmos e a nossa unificação com o Pai e com os irmãos, no bem e no amor.

1) Quando me sinto ofendido, tenho tido certa facilidade em perdoar quem me ofende ou meu amor-próprio, exagerado, prefere a satisfação da vingança ao alívio do perdão? (Pausa).

Canto (Todos)

Canto n. 1.081. *Cantos e orações*. Ed. Vozes.

"Perdão, Senhor, perdão"

(Pe. Nereu de Castro Teixeira)

Somente o refrão.

2) Se alguém me ofende, fico desejando que algum infortúnio lhe aconteça para me sentir vingado ou até mesmo recompensado? (Pausa)

Canto

Repetir o **refrão** do canto anterior.

3) Procuro vencer a dureza do meu coração e o meu comportamento irredutível para ser capaz de perdoar inúmeras vezes como ensina Jesus? (Pausa)

Canto

Repetir o **refrão** do canto anterior.

4) Meu rancor é maior que a minha caridade a ponto de negar qualquer socorro a meu inimigo, considerando-o uma pessoa morta? (Pausa)

Canto

Repetir o **refrão** do canto anterior.

5) Sou cristão autêntico, capaz de testemunhar, em qualquer circunstância, sem reservas, a minha fé? (Pausa)

Canto

Repetir o **refrão** do canto anterior.

6) Considero-me tão perfeito e justo que a minha presunção me coloca acima de meus semelhantes, fazendo-me sentir o melhor de todos, o que mais sabe, o dono da verdade? (Pausa)

Canto

Repetir o **refrão** do canto anterior.

7) Deixei de ajudar o inválido e de defender os oprimidos, embora pudesse fazê-lo? (Pausa)

Canto

Repetir o **refrão** do canto anterior.

8) Deixei de matar a fome do faminto, de ser generoso e, por causa da minha avareza, não fui capaz de dar sem calcular, de servir sem esperar recompensa e de pagar o mal com o bem? (Pausa)

Canto

Repetir o **refrão** do canto anterior.

9) Sou incapaz de me aproximar daqueles que menos me agradam e de fazer o bem ao que nada pode me retribuir? (Pausa)

Canto

Repetir o **refrão** do canto anterior.

10) Sou capaz de amar sempre, gratuitamente, e de me doar àquele que de mim precisar? (Pausa)

Canto

Repetir o **refrão** do canto anterior.

11) Meu orgulho é tão grande que não consigo disfarçar meu desprezo pelos mais pobres, mais humildes e marginalizados? (Pausa)

Canto

Repetir o **refrão** do canto anterior.

12) Tenho o hábito de prejulgar e condenar meus semelhantes sem me preocupar em conhecer a verdade dos fatos? (Pausa)

Canto

Repetir o **refrão** do canto anterior.

13) Costumo usar com freqüência desculpas absurdas para justificar minha omissão em socorrer os mais necessitados e minha indiferença no trato com eles? (Pausa)

Canto

Repetir o **refrão** do canto anterior.

14) Considero os meus inimigos tão mentirosos ou perversos que não aceito suas justificativas ou desculpas? (Pausa)

Canto

Repetir o **refrão** do canto anterior.

15) Sou incoerente com minha fé, colecionando inimigos e não sendo capaz de olhá-los com os olhos de Jesus? (Pausa)

Canto

Repetir o **refrão** do canto anterior.

Acréscimo do dirigente.

6. Canto

Opção 1: Canto n. 1.090. *Cantos e orações*. Ed. Vozes.
"Perdoai-nos ó Pai"
(Letra: José Vitalino dos Santos. Música: Pe. José Weber)
Ed. Paulinas, Comep CD 6.

Opção 2: Canto n. 1.088. *Cantos e orações*. Ed. Vozes.
"Nem sempre sou do jeito que me penso"
(Letra: J. Thomaz Filho. Música: André J. Zamur)

Dirigente: Irmãos, é muito fácil amar quem vos ama e fazer o bem aos que vos fazem o bem. Difícil é amar os vossos inimigos e fazer o bem aos que vos odeiam. Para aqueles que vos maldizem, vos injuriam, enfim, vos fazem o mal, deveis orar. Abençoai, também, todos eles, como Deus vos abençoa. Lembrai-vos ainda que Jesus nos ensina que não devemos revidar as injúrias, nem fazer a nosso semelhante aquilo que não queremos que nos façam. Também ensina que devemos ajudar aqueles que precisam de nossa atenção e de nosso auxílio. Confiai no perdão de Deus, que é infinito. Porém, deveis ter cuidado, porque o vosso individualismo, ressentimento, egoísmo e falta de generosidade em perdoar vossos irmãos, muitas vezes, podem limitar o perdão de Deus para convosco. Procurai compreender uns aos outros e perdoai-vos mutuamente para que o Pai vos dê a graça do amor fraterno. Rezemos: Confesso a Deus...

Convite à oração do Pai-nosso.

7.

Pode-se proceder aqui à confissão sacramental segundo o Ritual Romano.

Dirigente (Convite à oração...)

8. Oração de ação de graças

Todos: Senhor Jesus Cristo, que tua presença inunde por completo meu ser e tua imagem fique marcada a fogo dentro de mim, para que eu possa caminhar à luz de tua imagem e pensar como Tu pensavas, sentir como Tu sentias, agir como Tu agias, falar como Tu falavas, sonhar como Tu sonhavas e amar como Tu amavas. Que eu possa, como Tu, despreocupar-me de mim mesmo para me preocupar com os outros; ser insensível a mim e sensível aos outros; sacrificar a mim mesmo e ser, ao mesmo tempo, alento e esperança para os outros. Que eu possa ser, como Tu, sensível e misericordioso; paciente, manso e humilde; sincero e veraz. Teus prediletos, os pobres, sejam os meus prediletos; teus objetivos, os meus objetivos. Que os que me vêem te vejam. E eu chegue a ser uma transparência de teu ser e de teu amor. Assim seja.

Canto

Canto n. 834. *Louvemos o Senhor*.
"A ti meu Deus" (Sl 25)
(Frei Fabreti. CD A tua palavra permanece.)

9. Bênção final

Dirigente: O Senhor esteja convosco!

Todos: Ele está no meio de nós!

Dirigente: Que Deus todo-poderoso vos livre sempre de toda adversidade e derrame sobre vós as suas bênçãos!

Todos: Amém!

Dirigente: Torne os vossos corações atentos à sua palavra, a fim de que transbordeis de alegria divina!

Todos: Amém!

Dirigente: Assim, abraçando o bem e a justiça, possais correr sempre pelo caminho dos mandamentos divinos e tornar-vos co-herdeiros dos santos!

Todos: Amém!

Dirigente: Abençoe-vos Deus todo-poderoso, Pai e Filho e Espírito Santo!

Todos: Amém!

Dirigente: Ide em paz, e o Senhor vos acompanhe!

Todos: Graças a Deus!

5
Pecados capitais: obstáculos à salvação

Veja subsídios ao final do texto

1. Introdução

Comentarista: Irmãos e irmãs, nesta celebração penitencial somos convidados a fazer uma parada na nossa caminhada, a fim de olharmos para dentro de nós mesmos e examinar como anda a nossa vida de cristãos. Se quisermos vivê-la intensamente segundo os preceitos de Deus, sabemos que é necessário buscar, com freqüência, a misericórdia divina e o conforto espiritual, que fortalecem a nossa vontade de partilhar as angústias, os sofrimentos e esperanças que motivam a celebração regular do Sacramento da Reconciliação. Deus conhece nossas quedas pelo pecado e nossas fraquezas. Confiantes no seu amor paterno, peçamos que Ele venha em nosso socorro. De pé, cantemos:

Canto

Opção 1: Canto n. 309. *Juntos cantemos ao Senhor*.

"Eu me entrego, Senhor"

(Letra: Pe. Reginaldo Veloso. Música: Pe. Sílvio Milanez)

Opção 2: Canto n. 116. *Cantos e orações*. Ed. Vozes.

"No Senhor, toda graça"

(Letra: *Lecionário*. Música: Ir. Míria T. Kolling)

2. Acolhida

Dirigente: Em nome do Pai...

Deus, Pai misericordioso, que acolhe o pecador arrependido e nos convida à Mesa da Palavra, esteja convosco.

Todos: Bendito seja Deus que está sempre nos chamando à conversão e reconciliação.

Dirigente: Irmãos e irmãs, invocai a misericórdia de Deus para que alcanceis o seu perdão, a fim de que, pela graça de Nosso Senhor Jesus Cristo, possais restaurar a reconciliação com o Pai.

Todos: Ó Deus, Pai justo e clemente, que conhece nosso coração e lê nossos pensamentos, renovai nossa mente para que possamos perceber qual é a vossa vontade, o que é bom, o que vos é agradável e perfeito.

3. Liturgia da Palavra

1ª leitura (Eclo 27,33–28,9)

Comentarista: Perdoa a injustiça cometida por teu próximo; quando orares, teus pecados serão perdoados.

Salmo de meditação (Sl 102)

Refrão: O Senhor é bondoso, compassivo e carinhoso.

1) Bendize, ó minha alma, ao Senhor,
E todo o meu ser, seu santo nome!
Bendize, ó minha alma, ao Senhor,
Não te esqueças de nenhum de seus favores.

2) Pois Ele te perdoa toda culpa,
e cura toda a tua enfermidade;
da sepultura Ele salva tua vida
e te cerca de carinho e compaixão.

3) Não fica sempre repetindo as suas queixas,
nem guarda eternamente o seu rancor.
Não nos trata como exigem nossas faltas,
nem nos pune em proporção de nossas culpas.

4) Quanto os céus por sobre a terra se elevam,
Tanto é grande o seu amor aos que o temem.
Quanto dista o nascente do poente,
Tanto afasta para longe os nossos crimes.

Evangelho (Mt 18,21-35)

Comentarista: Entre nós não pode haver limites para o perdão, pois já o recebemos do Pai, e sem limites. É preciso basear-se no perdão e na misericórdia para que possamos compartilhar com todos o que cada um recebeu. De pé, aclamemos o Evangelho, cantando:

Canto

Opção 1: Canto n. 941. *Louvemos o Senhor*.
"Palavra de salvação"
(Pe. Zezinho, SCJ. CD Fazedores da paz.)

Opção 2: Canto n. 117. *Cantos e orações*. Ed. Vozes.
"A tua Palavra, Senhor"
(José Raimundo Galvão)

Proclamação do Evangelho

Dirigente

4. Homilia

Canto

Opção 1: Canto n. 258. *Louvemos o Senhor*.
"Quero ouvir teu apelo"
(Ir. Míria T. Kolling)

Opção 2: Canto n. 588. *Cantos e orações*. Ed. Vozes.
"Quando comecei"
(Ir. Míria T. Kolling. Ed. Paulinas, Comep CD 31.)

5. Pedidos de perdão

Comentarista: Quando nos sentimos salvos e perdoados de nossos pecados experimentamos uma alegria tão grande que Deus também se regozija com nosso contentamento. O restabelecimento da relação com Deus acontece através de Jesus Cristo que nos perdoa e adverte: antes de buscar a reconciliação com Deus, vá e reconcilie-se primeiro com seu irmão. A alegria de Deus, com a conversão do pecador, também é ressaltada por Jesus ao dizer que há maior alegria no céu por um pecador que se converte do que por noventa e nove justos. Daí podermos perceber como é importante para o Pai a salvação de seus filhos. Diante destes esclarecimentos, vamos confessar com humildade os nossos pecados, e reconhecer as nossas culpas com sinceridade, sem fingimento, para que a nossa conversão seja verdadeira. Vamos recordar, além de outros, os sete pecados capitais, assim chamados porque são fundamentais e fonte de outros pecados. Vamos refletir como andam nossas atitudes com relação a eles.

1) IRA: Cólera, raiva, indignação, desejo de vingança.

– Quantas vezes a nossa ira perturbou a tranqüilidade na nossa comunidade, nas nossas famílias, no trabalho, nas ruas ou em qualquer ambiente em que vivemos, causando tensão, medo, revolta, e até morte? (Pausa)

– "Sua malícia recairá em sua própria cabeça e sua violência se voltará contra a sua fronte". Portanto, "guarda-te da ira, depõe o furor, não te exasperes que será um mal".

Canto (Todos)

Canto da página 157 do *Manual da CF-1998*.

"Lavai-me, Senhor, lavai-me"

(Reginaldo Veloso)

Somente o primeiro solo.

2) PREGUIÇA: Aversão ao trabalho, negligência, comodismo, indolência.

– Quantas vezes a preguiça nos tornou comodistas, incapazes de oferecer a nossa colaboração na comunidade ou na Igreja, na família ou no trabalho? (Pausa)

– Se o bom samaritano fosse preguiçoso, teria ajudado aquele homem caído à beira da estrada? Certamente preguiça e caridade não andam juntas.

– "Ele que formou o coração de cada um está atento a cada uma de suas ações".

Canto

Repetir o **refrão** do canto anterior.

3) AVAREZA: Excessivo e sórdido apego ao dinheiro, falta de generosidade, mesquinhez.

– Quantas vezes a nossa avareza nos tornou egoístas e nos impediu de sermos generosos e solidários com nossos irmãos carentes? (Pausa)

– O avarento acumula riquezas, não ajuda ninguém e não partilha nada, pois ele só age em função do lucro.

– "O pouco que o justo possui vale mais que a opulência dos ímpios".

Canto

Repetir o **refrão** do canto anterior.

4) INVEJA: Desejo violento de possuir o bem alheio. Desgosto ou pesar pelo bem ou pela felicidade de outrem.

– Quantas vezes, por causa da nossa inveja, cometemos injustiças, caluniando, ridicularizando e desejando todo mal aos nossos semelhantes, duvidando até da sua honestidade e honradez? E o nosso olho gordo levou-nos a desprezar e criticar severamente quem invejamos? (Pausa)

– "Se vivemos do espírito, andemos, também, segundo o espírito. Não cobicemos a glória vã, provocando e invejando uns aos outros". Portanto, "se teu olho é motivo de inveja, arranca e joga-o longe de ti para não causar a tua queda".

Canto

Repetir o **refrão** do canto anterior.

5) GULA: Excesso na comida e na bebida, apego excessivo a boas iguarias.

– Quantas vezes a gula dominou a nossa boca, os nossos olhos, os nossos sentidos, tornando-nos grandes esbanjadores, consumidores de supérfluos, quando tantos não têm o que comer, nem o que vestir? (Pausa)

– "Não destruas a obra de Deus por questão de comida. Todas as coisas, em verdade, são puras, mas o que é mal para um homem é o fato de comer provocando escândalo. Tens uma convicção; guarda-a para ti mesmo, diante de Deus. Feliz é aquele que não se condena a si mesmo no ato a que se decide".

Canto

Repetir o **refrão** do canto anterior.

6) LUXÚRIA: Incontinência, sensualidade, libertinagem, devassidão.

– Quantas vezes a luxúria nos tornou escravos dos prazeres da carne, impuros e cheios de maus desejos, corrompendo crianças, escandalizando os jovens e desrespeitando os idosos por causa do nosso comportamento pecaminoso? (Pausa)

– "Os que vivem segundo a carne gostam do que é carnal; os que vivem segundo o espírito, apreciam as coisas que são do espírito. A aspiração da carne é a morte, enquanto a aspiração do espírito é a vida e a paz. Os que vivem segundo a carne não podem agradar a Deus".

Canto

Repetir o **refrão** do canto anterior.

7) SOBERBA: Orgulho excessivo, altivez, arrogância, presunção.

– Quantas vezes, por causa de nossa soberba, nos julgamos superiores às pessoas que convivem conosco e, com orgulho excessivo, desprezamos e humilhamos os menos favorecidos? (Pausa)

– "Amai o Senhor, todos os seus servos!
Ele protege os que lhe são fiéis.
Sabe, porém, retribuir, castigando, com rigor,
os que procedem com soberba".

Canto

Repetir o **refrão** do canto anterior.

8) VAIDADE: Desejo imoderado de atrair admiração ou homenagens.

– Quantas vezes, por causa da nossa vaidade, nos colocamos acima dos outros porque quisemos ser reconhecidos e aplaudidos pelo que fizemos, não deixando que o outro crescesse ao nosso lado para não ofuscar o nosso brilho? (Pausa)

– "Ó poderosos, até quando tereis o coração endurecido, no amor das vaidades e na busca da mentira?"

Canto

Repetir o **refrão** do canto anterior.

9) CALÚNIA: Falsa imputação a alguém de um fato definido como crime, mentira, falsidade, invenção, difamação, injúria.

– Quantas vezes o nosso desejo de prejudicar quem não nos agradou levou-nos a inventar coisas a seu respeito, difamando e prejudicando a sua integridade moral e física? Ou, então, para salvar a nossa pele, acusamos um inocente, atribuindo-lhe a culpa de uma falta ou crime que nós cometemos? (Pausa)

– "De maledicência, astúcia e dolo, sua boca está cheia; em sua língua só existem palavras injuriosas e ofensivas".

Canto

Repetir o **refrão** do canto anterior.

10) DESCRENÇA: Incredulidade; falta ou perda de crença.

– Quantas vezes, por causa das nossas provações, dificuldades e obstáculos, deixamos de acreditar até na vida, ficamos revoltados, achando que Deus, nosso Pai, nos abandonou? (Pausa)

– "Vós me fizestes passar por numerosas e amargas tribulações para, de novo, me fazer viver, e dos abismos da terra novamente me tirar".

Canto

Repetir o **refrão** do canto anterior.

11) INDIFERENÇA: Desprezo, insensibilidade moral, negligência, egoísmo.

– Quantas vezes a nossa indiferença nos tornou insensíveis aos problemas sociais que nos cercam, como: a fome, a solidão, a doença, a pobreza, o desemprego, etc., levando-nos a cometer atitudes não cristãs e até impatrióticas? (Pausa)

– "Assim são os pecadores que, tranqüilamente, aumentam suas riquezas".

Canto

Repetir o **refrão** do canto anterior.

12) VINGANÇA: Punição, castigo, desforra.

– Quantas vezes o nosso coração ficou endurecido, não perdoou a ofensa recebida e não descansou enquanto não a revidou, ficando alegre por ter-se vingado? (Pausa)

– "Quem se vingar encontrará a vingança do Senhor, que pedirá severas contas dos seus pecados".

Canto

Canto da página 157 do *Manual da CF-1998*.

"Lavai-me, Senhor, lavai-me"

(Reginaldo Veloso)

Na íntegra.

Acréscimo do dirigente.

Dirigente: Irmãos e irmãs, o cristão, em estado de graça, é iluminado pela luz de Cristo, mas, como criatura de Deus, quando comete pecados, vai-se afastando do seu Criador e a sua alma mergulhando na escuridão. Contudo, Deus o convida à conversão e lhe oferece o seu perdão. Para desfrutarmos da misericórdia e do amor do Pai precisamos descobrir a beleza e a alegria que existem na relação Pai e Filho. Para obtermos o perdão, manifestemos nosso arrependimento rezando: Confesso a Deus...

Convite à oração do Pai-nosso, cantado.

Procissão luminosa

6. Canto

"Luz na frente, paz na guia"

(Zé Vicente. CD Presente.)

7.

Pode-se proceder aqui à confissão sacramental segundo o Ritual Romano.

Dirigente (Convite à oração...)

8. Oração de ação de graças:

Todos: Dei-te tão pouco, Senhor Jesus, mas Tu fizeste disso algo tão grande! Sou tão pouco diante de ti, e me fizeste tão rico! Não consegui dar-te tudo que desejaria, nem pude amar-te como quisera e sonhara. Dei-te tão pouco, de verdade, tão pouco, e com tão pouco entusiasmo e alegria. Entretanto, Tu sabes que nesse "pouco" eu quis pôr todo o meu coração. Tu vês o fundo de mim mesmo, com meu desejo de dar-te muito mais. Como transformas minha pobreza em riqueza, e meu vazio em plenitude, aceita o meu dom como ele é, aceita também tudo o que ele não é, para que haja em mim entrega total, e tudo seja recriado outra vez pelo poder soberano de teu amor. Amém

Canto

Canto n. 133. *Cantos e orações*. Ed. Vozes.

"O amor de Deus"

(Letra: J. Thomaz Filho. Música: Frei Fabreti)

9. Bênção final

Dirigente: O Senhor esteja convosco!

Todos: Ele está no meio de nós!

Dirigente: Que o Deus onipotente e misericordioso vos ilumine e derrame sobre vós as suas bênçãos!

Todos: Amém!

Dirigente: Que durante esta vida Ele vos torne firmes na fé, alegres na esperança, solícitos na caridade!

Todos: Amém!

Dirigente: Alegrando-vos com a esperança da salvação, sejais recompensados com a vida eterna, prometida por Nosso Senhor Jesus Cristo!

Todos: Amém!

Dirigente: Abençoe-vos Deus todo-poderoso, Pai e Filho e Espírito Santo!

Todos: Amém!

Dirigente: Ide em paz e o Senhor vos acompanhe!

Todos: Graças a Deus!

A 1ª leitura (Eclo 27,33–28,9) encontra-se no *Lecionário dominical* – 24º Domingo do Tempo Comum, p. 323.

SUBSÍDIOS

Cenário

a) Preparação do ambiente

Olhar o desenho correspondente.

b) Objetos necessários

1 cruz (com ou sem imagem)

Vasos de plantas verdes

Flores roxas

1 coração (tamanho regular)

3 cantoneiras

3 vasilhas com água

1 cesto (lixo)

2 velas para o altar

c) Instruções

Misturar as flores roxas nas plantas verdes, colocando-as ao pé da cruz.

As velas do altar permanecem acesas, desde o início até o fim da celebração.

Gestos simbólicos

Antes de iniciar a fala do 1º pecado (IRA, n. 5 da celebração), apagar as luzes da igreja.

No início da fala de cada pecado, três pessoas entram pelo corredor central, uma à frente e as outras duas atrás, lado a lado, e se colocam em frente do cenário, de pé, com a cabeça baixa.

No início do canto refrão, elas se ajoelham, ao mesmo tempo, dobrando o corpo e, em seguida, se levantam. A pessoa da frente *tira do coração* o pecado correspondente à fala (IRA) e joga-o no lixo. Logo após, lava os dedos na água do lado e sai pela lateral.

Ao mesmo tempo, as outras duas também lavam os dedos, cada uma na água que se encontra à sua frente (direita e esquerda), depois *se abraçam* e saem, uma para a direita e outra para a esquerda.

Evitar a saída pelo corredor central, que deverá ficar livre.

O 1º gesto (retirada do pecado) significa eliminar o pecado do coração, purificando-se em seguida.

O 2º gesto (o abraço) significa a reconciliação com o irmão, depois da purificação.

Após o último pecado, acender as luzes.

O canto do último pecado (vingança) está completo (não apenas o refrão).

Com as luzes acesas, a assembléia, de pé, deverá *cantar todo o canto*.

Sugestões

a) Procissão luminosa

Apagar novamente as luzes da igreja.

Se para cada gesto simbólico foram necessárias três pessoas, não havendo *repetição* de pessoas, ao todo participaram 36 pessoas. Essas mesmas pessoas participarão da procissão luminosa.

Organizar a procissão em fila dupla. Cada pessoa levando uma vela acesa.

À frente, uma pessoa levará a cruz (com imagem de Cristo, se possível).

Se o canto deste momento for cantado pela assembléia, será mais bonito. Se não for, usar o CD de Zé Vicente.

Enquanto o canto é cantado, a procissão se dirige para o altar. Lá chegando, as pessoas se colocam em forma de meia-lua (18 na frente e 18 atrás).

A cruz será entregue ao dirigente, que dará a absolvição[1] com ela.

Antes de o dirigente iniciar a absolvição[2], acender as luzes da igreja.

Neste momento todos se ajoelham, assembléia e participantes.

Enquanto durar a absolvição[3], os participantes, de joelhos, *levantam* as velas.

Terminada a absolvição[4], eles se levantam, permanecendo no local, com as velas acesas, de frente para o altar, até terminar a celebração com a *bênção final*.

---

1. Este procedimento somente será permitido se for realizada e obedecida a recomendação constante do item 7 (anterior à oração de Ação de Graças) desta celebração.

2. Vide nota 1.

3. Vide nota 1.

4. Vide nota 1.

As velas poderão ser feitas conforme consta da *sugestão* da celebração "O Espírito Santo interpela a vida". Ver *subsídios* daquela confissão.

b) Confecção do coração

São dois corações, em tamanho regular. Um irá por cima do outro. Um deles (o que irá por baixo) deverá ser feito com isopor mais grosso, forrado de papel brilhante prateado (papel *prismático* ou *Kodak*® *autocolante*).

O outro coração, do mesmo tamanho (que irá por cima), deverá ser feito com isopor fininho, forrado com papel camurça preto e recortado em forma de quebra-cabeça, em 12 pedaços.

Em uma tira de papel branco, escrever o nome de cada pecado e pregá-la com alfinete sobre o papel camurça, fixando-a, também, no coração inferior, porém de tal maneira que cada pedaço do quebra-cabeça possa ser retirado facilmente.

Após a retirada do último pecado (vingança), o coração de baixo aparecerá todo brilhante.

Terminado este momento, a celebração prossegue normalmente.

Cenário

Pecados Capitais – Obstáculos à Salvação

6
Comunidade unida pelos dons do Espírito Santo
Veja subsídios ao final do texto

1. Introdução

Comentarista: Irmãos e irmãs, sejam bem-vindos a esta celebração da misericórdia que nos proporciona este encontro de reflexão sobre a situação de cada um de nós dentro da comunidade. Que temos feito para o seu crescimento? Temos lutado pela vida e pela esperança de todos em nossa comunidade? Ela se encontra unida pela fé e fraternidade? Estamos alcançando estes objetivos? São muitas as indagações que nos permitem avaliar como vem caminhando a nossa comunidade. Por isto nos reunimos aqui para responder estes questionamentos e buscar o perdão dos pecados, a fim de retomarmos a vida iniciada no nosso batismo e que nos permite viver em comunhão fraterna. De pé, cantemos:

Canto

Opção 1: Canto n. 637. *Louvemos o Senhor*.
"Perdão, Senhor"
(Luiz Carlos Agostini. CD *Agnus Dei*-90.)

Opção 2: Canto n. 1.085. *Cantos e orações*. Ed. Vozes.
"Eu andei por caminhos errados"
(Letra: Pe. Lúcio Floro. Música: Ir. Míria T. Kolling)

2. Acolhida

Dirigente: Em nome do Pai...

Irmãos e irmãs, vós sois filhos de Deus, iluminados pela luz de Cristo. Que todos vós permaneçais envolvidos por esta luz e, afastados das trevas do erro, tenhais sempre o firme propósito da conversão e reconciliação, quando necessárias em vossas vidas.

Todos: Confiantes na misericórdia de Deus, e pela intercessão de seu Filho, busquemos o seu perdão, para que, com sincero arrependimento, sejamos reconciliados com o Pai e com os nossos irmãos.

3. Liturgia da Palavra

1ª leitura (Cl 3,12-17)

Comentarista: O homem novo deve-se caracterizar pelos sentimentos de bondade, perdão, caridade e paz, deixando-se guiar pela Palavra de Cristo.

Salmo de meditação (Sl 145)

Refrão: Bendize, ó minha alma, ao Senhor.

Bendirei ao Senhor toda a vida.
1) O Senhor é fiel para sempre,
faz justiça aos que são oprimidos;
Ele dá alimento aos famintos,
é o Senhor quem liberta os cativos.

2) O Senhor abre os olhos aos cegos,
o Senhor faz erguer-se o caído;
o Senhor ama aquele que é justo,
é o Senhor quem protege o estrangeiro.

3) Ele ampara a viúva e o órfão,
mas confunde os caminhos dos maus.
O Senhor reinará para sempre!
Ó Sião, o teu Deus reinará para sempre,
e por todos os séculos!

Evangelho (Jo 15,9-17)

Comentarista: Cristo coloca-se como nosso amigo se observarmos o seu mandamento de amarmos uns aos outros como Ele nos ama. Somente o amor fraterno que Ele recomenda é capaz de manter a união de uma comunidade de fé. Também seus membros devem-se perdoar sem limites e ter no coração um amor tão grande pelo próximo a ponto de jamais rejeitá-lo.

Canto

Opção 1: Canto n. 868. *Juntos cantemos ao Senhor*.
"Palavra não foi feita"
(Irene Gomes, MJC)

Opção 2: Canto n. 539. *Cantos e orações*. Ed. Vozes.
"Palavras Santas do Senhor"
(Letra: Balduíno Meurer. Folclore religioso.)

Proclamação do Evangelho

Dirigente

4. Homilia

Canto

Opção 1: Canto n. 91. *Louvemos o Senhor*.
"Permanecei em mim"
(Ney Brasil)

Opção 2: Canto n. 1.437. *Cantos e orações*. Ed. Vozes.
"Abre, Senhor, os meus lábios" (Sl 94)
(Frei Luiz Carlos Susin)

5. Pedidos de perdão

Dirigente: Irmãos e irmãs, o conhecimento e a prática dos dons do Espírito Santo mantêm a comunidade unida. Olhando para a realidade desta comunidade, deveis buscar, nesta celebração, a reconciliação com Deus e com os irmãos. Para que este objetivo seja alcançado plenamente é necessário que o desejo de paz, união e amor fraterno prevaleça no vosso propósito de conversão, a fim de que possais obter o perdão do Pai e retornar, com alegria, ao convívio da comunidade. Examinai se vossos dons têm servido à comunidade; se sois capazes de ajudá-la em suas dificuldades e se vossas falhas com relação aos dons do Espírito prejudicam a comunidade. (Pausa)

Comentarista: Os dons do Espírito Santo são presentes que Deus nos concede para que sejam usados ao longo da vida. De nada adianta termos o dom e não o colocarmos a serviço. O dom inspirado pelo Espírito Santo desenvolve-se através das boas obras e ações que testemunham a sua presença. Estes dons são:

1) SABEDORIA: O homem pode ser muito inteligente e demonstrar grande saber pelo que ele aprende nos livros ou nas escolas. Entretanto, a sabedoria dada pelo Espírito é o conhecimento de Deus, do seu amor, da sua bondade e justiça. Sábio é aquele que pratica a vontade de Deus.

– Senhor, pelas vezes que em nossa comunidade a bondade e a justiça não foram praticadas, te pedimos perdão. (Pausa)

Canto (Todos)

Canto n. 244. *Louvemos o Senhor.*

"Senhor que viestes salvar..."

(Pe. José Cândido)

Somente o refrão.

2) ENTENDIMENTO: É o dom de perceber e compreender a vontade de Deus. É o juízo que se faz das etapas da vida, nas coisas grandes e pequenas.

– Senhor, pelas vezes que nossa comunidade não descobriu a tua vontade ou a ela não se submeteu, agindo, portanto, em desacordo com os teus ensinamentos, te pedimos perdão. (Pausa)

Canto

Repetir o **refrão** do canto anterior.

3) CIÊNCIA: É o dom de diferenciar o bem do mal. É conhecer o plano de Deus que, em Jesus Cristo e no Espírito Santo, oferece a salvação para toda a humanidade.

– Senhor, pelas vezes que nossa comunidade, mesmo podendo, deixou de praticar o bem, duvidou e se distanciou da tua salvação, te pedimos perdão. (Pausa)

Canto

Repetir o **refrão** do canto anterior.

4) CONSELHO: É o dom de oferecer ajuda a quem precisa, mediante orientação e até mesmo solução, diante das dificuldades que podem surgir na família, na comunidade, etc., encorajando com otimismo os que se sentem desanimados ou perdidos.

– Senhor, pelas vezes que nossa comunidade, indiferente, se fechou, se acomodou diante dos apelos dos desamparados e não praticou a solidariedade, te pedimos perdão. (Pausa)

Canto

Repetir o **refrão** do canto anterior.

5) FORTALEZA: É o dom de enfrentar com ânimo os obstáculos, de vencer as tentações, e fortalecido pelo Espírito Santo perseverar na fé.

– Senhor, pelas vezes que nossa comunidade se omitiu diante das dificuldades, fraquejou nas tentações, e por comodismo deixou de ser luz e sal da terra, te pedimos perdão. (Pausa)

Canto

Repetir o **refrão** do canto anterior.

6) PIEDADE: É o dom da misericórdia. Cristo determina: "Sede misericordiosos, como também vosso Pai é misericordioso... perdoai e sereis perdoados..." Piedade significa compaixão, pena, sentimento de humanidade; por conseguinte, *misericórdia*. Este dom implica também mansidão e humildade de coração.

– Senhor, pelas vezes que nossa comunidade não socorreu seus irmãos com humildade e mansidão e que, por suas ações ou omissões, não deu testemunho da fé cristã, te pedimos perdão. (Pausa)

Canto

Repetir o **refrão** do canto anterior.

7) TEMOR DE DEUS: Muita gente tem medo de Deus por imaginá-lo um castigador. Porém, Deus é amor, misericórdia. Temor de Deus significa que devemos ter respeito pelo Pai Celes-

te, cumprir sua vontade, não por medo, e sim para lhe ser agradável.

– Senhor, pelas vezes que nossa comunidade não confiou na tua misericórdia, desrespeitou os teus preceitos e não teve a humildade de reconhecer que nunca te amará como mereces, dificultando, assim, o seu crescimento, te pedimos perdão. (Pausa)

Canto

Repetir o **refrão** do canto anterior.

Comentarista: Senhor, a intolerância, a falta de caridade, a inveja, o orgulho, o egoísmo, o rancor, a vaidade, a mentira, a competição, a desconfiança, a falsidade e tantas outras falhas humanas, muitas vezes, acontecem, prejudicando a união e a paz de nossa comunidade. Por tudo isto e também pelos pecados que cometemos e que aqui não foram mencionados, te pedimos perdão. (Pausa)

Canto

Repetir o **refrão** do canto anterior.

Acréscimo do dirigente.

Comentarista: A harmonia em uma comunidade só acontece quando há, entre seus membros, respeito, compreensão, amizade fraterna, tolerância com as diferenças, caridade e outras virtudes. Enfim, a capacidade de amar e de perdoar é fundamental nas relações humanas. É seu grande desafio. Sabemos que são comuns os desentendimentos, as insatisfações nas comunidades. Entretanto, é possível neutralizar os efeitos negativos que perturbam a paz, causam divisões e impedem o crescimento da comunidade como, por exemplo, os decorrentes da inveja, rivalidade, egoísmo, vaidade, injustiça. As armas contra estes efeitos são a humildade, a justiça, o estímulo, a urbanidade, o companheirismo, o reconhecimento, a valorização do ser humano. Não é fácil curar sentimentos feridos e restabelecer relações rompidas. Na reconciliação, alguém terá de dar o primeiro passo. Certamente será o mais sábio aquele que sabe perdoar, que coloca o bem comum acima de sua vontade e interesses. E mais, que deseja ver a sua comunidade sempre unida à Igreja, cumprindo sua missão de propagar e defender a fé, e assistida pelo Espírito Santo dar testemunho de Cristo através de suas palavras e obras, vivendo no amor de Deus e para Deus.

Todos: Às vezes, optamos pelo caminho mais fácil: cortar relações, cultivar inimizades, trocar acusações ou desenvolver uma implicância implacável, provocando divisões e tornando desagradável o convívio comunitário. Vamos assumir, diante de Deus e com a sua graça, o compromisso de não permitir que a nossa comunidade de fé se transforme num agrupamento de pessoas descomprometidas.

Dirigente: Caríssimos, que esta reflexão, que acabais de fazer, vos possibilite superar todos os obstáculos aqui mencionados para que possais, então, suplicar à misericórdia de Deus que vos liberte e vos dê vida nova, também dentro da comunidade.

Todos: Que Deus, na sua infinita bondade, penetre os nossos corações e as nossas consciências, tornando-nos sensíveis à graça do perdão que a sua misericórdia nos concede.

6. Canto

Opção 1: Canto n. 1.380. *Cantos e orações*. Ed. Vozes.
"Basta que me toques, Senhor!"
(Associação do Senhor Jesus. CD 4 / Ed. Paulinas, Comep CD 52.)

Opção 2: Canto n. 560. *Juntos cantemos ao Senhor*.

"Vem, ó Senhor, dá-me tua vida"

(Ir. Míria T. Kolling)

Dirigente: Irmãos e irmãs, arrependidos de vossos pecados pessoais e comunitários, façamos juntos um ato de contrição em nosso íntimo. É importante assumir o compromisso concreto de viver a partir dos valores do Reino de Deus e construir a justiça e a paz, para que esta comunidade cresça na fé e na fraternidade. Rezemos juntos: Confesso a Deus...

Convite à oração do Pai-nosso.

Aspersão

Enquanto o dirigente procede à aspersão, a assembléia canta o canto abaixo.

Canto

Canto n. 740. *Cantos e orações*. Ed. Vozes.

"Pelos prados e campinas"

(Frei Fabreti. Ed. Paulinas, Comep CD 52.)

7.

Pode-se proceder aqui à confissão sacramental segundo o Ritual Romano.

Dirigente (Convite à oração...).

8. Oração de ação de graças

Todos: Deus, fonte de toda a luz, de tal modo amastes o mundo, que entregastes o vosso Filho único para a nossa salvação, a fim de sermos redimidos por sua cruz, vivificados por sua morte, salvos por sua paixão, e por sua ressurreição glorificados.

Nós vos suplicamos, pelo mesmo Jesus Cristo, que vos digneis velar sobre esta nova família em todas as coisas; tenhamos no espírito o vosso temor,

no coração, a fé,
nas obras, a justiça,
nas ações, o amor,
na língua, a verdade,
nos costumes, a disciplina,
para que possamos alcançar de modo digno e justo
o prêmio da imortalidade.
Por Nosso Senhor Jesus Cristo,
vosso Filho,
na unidade do Espírito Santo,
Amém.

9. Bênção final

Dirigente: O Senhor esteja convosco!

Todos: Ele está no meio de nós!

Dirigente: Que o Senhor de toda consolação disponha na sua paz os vossos dias!

Todos: Amém!

Dirigente: Sempre vos liberte de todos os perigos e confirme os vossos corações em seu amor!

Todos: Amém!

Dirigente: E assim, ricos em esperança, fé e caridade, possais viver praticando o bem e chegar felizes à vida eterna!

Todos: Amém!

Dirigente: Abençoe-vos Deus todo-poderoso, Pai e Filho e Espírito Santo!

Todos: Amém!

Dirigente: Ide em paz e levai a todos o perdão e o amor que Cristo vos trouxe!

Todos: Graças a Deus!

SUBSÍDIOS

Cenário

a) Preparação do ambiente

Olhar o desenho correspondente.

b) Objetos necessários

1 cruz (com ou sem imagem)

Vasos de plantas verdes

2 cantoneiras

2 vasilhas com água

2 velas para o altar

c) Instruções

Os vasos de plantas verdes serão colocados no pé da cruz.

As duas velas permanecerão acesas desde o início até o fim da celebração.

Gestos simbólicos

Antes de o comentarista iniciar o n. 1 (SABEDORIA) dos pedidos de perdão (n. 5 da celebração), apagar as luzes da igreja.

Quando o comentarista começar a falar o primeiro dom, duas pessoas entram pelo corredor central, uma ao lado da outra, colocam-se em frente do cenário e ali ficam, de pé, abaixando a cabeça.

Assim que o comentarista disser a palavra *Senhor*, pelas vezes..., elas se ajoelham e dobram o corpo, permanecendo assim até terminar a fala.

Ao iniciar o canto (refrão), elas se levantam, molham o dedo polegar na água que está à sua frente, e cada uma faz o *sinal-da-cruz* na testa da outra, *se abraçam* e saem pelas laterais, direita ou esquerda, de acordo com suas posições.

O mesmo procedimento será observado para os outros pedidos de perdão.

No último comentário: "Senhor, a intolerância...", duas pessoas fazem a mesma coisa, isto é, se colocam lá na frente, com a cabeça baixa. *Porém*, elas vão-se ajoelhar e dobrar o corpo quando o comentarista começar a falar: "Por tudo isto"...

No início do canto (refrão), elas se levantam e repetem os mesmos gestos (molhar o dedo, etc.), depois saem, pelas laterais.

Terminado o canto do último pedido de perdão, acender as luzes da igreja, antes do "Acréscimo do dirigente".

Sugestões

O dirigente, antes de iniciar o n. 5 da celebração (Pedidos de perdão), poderá abençoar a água que será usada neste momento da persignação, tornando-o mais solene.

Para tanto, a Equipe de Liturgia providenciará um canto curto sobre a água santa. *Exemplo*: Canto n. 710. *Louvemos o Senhor*. "Fonte de Água Viva" (David de Lima).

Antes do início da celebração, a Equipe de Liturgia deverá arranjar e *orientar muito bem* as 16 pessoas que irão participar dos gestos simbólicos.

Também o dirigente deverá ser informado de tudo que irá acontecer na celebração.

Cenário

Comunidade unida pelos dons do "Espírito Santo"

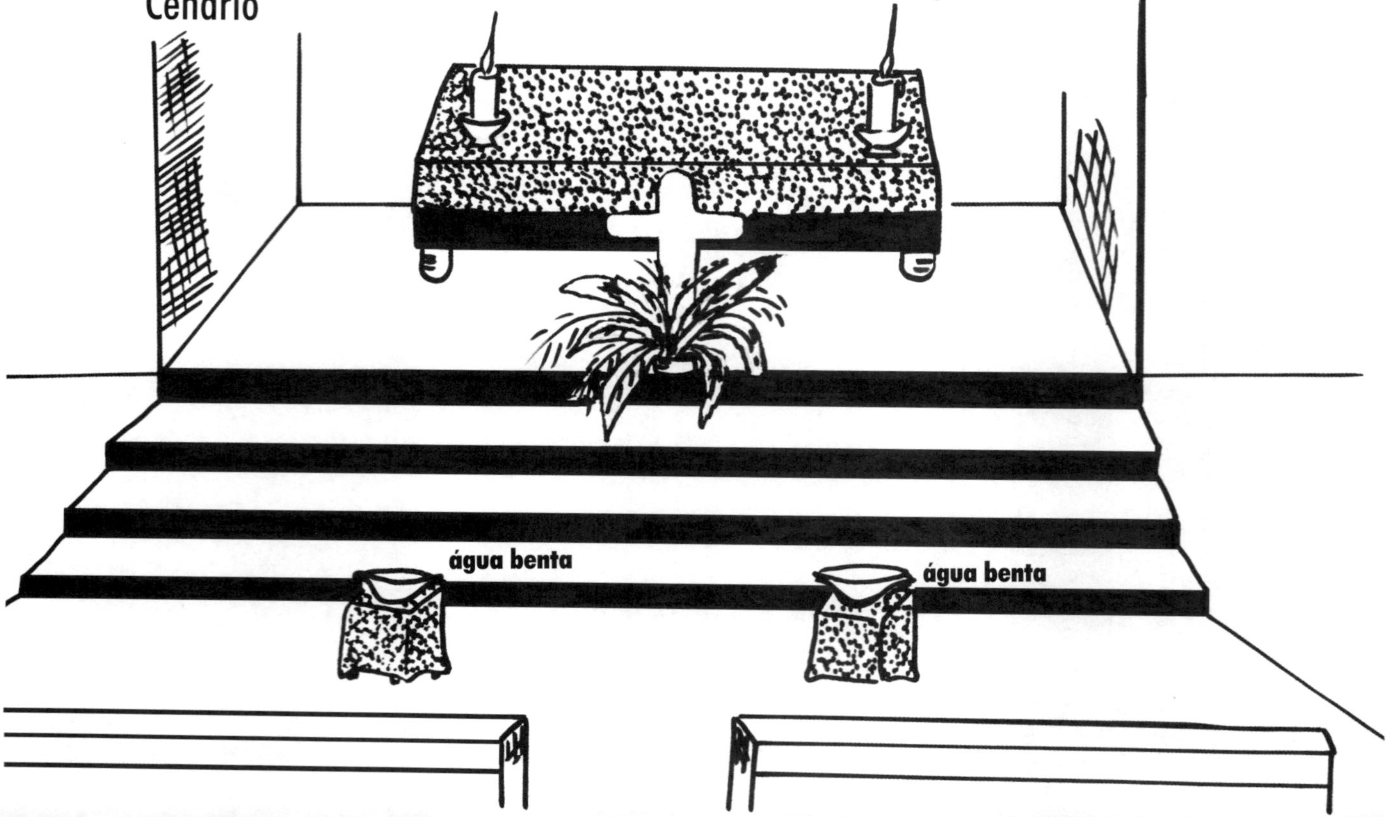

7
O Espírito Santo interpela a vida
Veja subsídios ao final do texto

1. Introdução

Comentarista: Irmãos e irmãs, sejam bem-vindos a esta celebração penitencial na qual abordaremos o tema "O Espírito Santo Interpela a Vida". Muitas vezes somos levados a resistir à ação do Espírito Santo em nossas vidas, apesar de termos conhecimento de sua ação transformadora. Este tema será desenvolvido através de questionamentos sobre nossa conduta diante dos frutos que o Espírito Santo nos dá. Numa atitude de confiança diante do perdão e da misericórdia do Pai, cantemos:

Canto

Opção 1: Canto n. 20. *Louvemos o Senhor*.
"A minh'alma tem sede de Deus"
(Pe. Reginaldo Veloso. Pe. Weber)

Opção 2: Canto n. 670. *Louvemos o Senhor*.
"Quero mergulhar nas profundezas"
(Timbó).

2. Acolhida

Dirigente: Em nome do Pai...

Caríssimos, aqui viestes em busca do perdão de Deus para os vossos pecados, que perturbam a vossa paz.

Todos: Bendito seja Deus que vem em nosso auxílio e nos acolhe como filhos.

Dirigente: Que o Deus todo-poderoso e cheio de misericórdia prepare vossos corações para que sejais perdoados em tempo oportuno.

Todos: Que Deus nos ajude a ver o mal que praticamos e disponha os nossos corações ao arrependimento sincero. Que o seu amor nos reconduza à união com aqueles que foram afastados do nosso convívio, por nossa culpa, e nos devolva à comunhão com o Pai. Que o seu Filho fortaleça nossas fragilidades e o seu Espírito retorne à vida aqueles que o pecado dizimou. E assim permaneça em nossas vidas a imagem do Senhor Jesus.

3. Liturgia da Palavra

1ª leitura (Gl 5,13-26)

Comentarista: Paulo mostra que a liberdade tem como limite o amor, e nos exorta a fugir de todas as formas de egoísmo e a produzir os frutos do Espírito Santo.

Salmo de meditação (Sl 1,1-6)

Refrão: Feliz o homem que não envereda pelo caminho dos pecadores.

1) Feliz o homem que não procede
conforme o conselho dos ímpios,
Não trilha o caminho dos pecadores,
Nem se assenta entre os escarnecedores;

Feliz aquele que se compraz no serviço do Senhor
E medita sua lei dia e noite.

2) Ele é como a árvore plantada
na margem das águas correntes:
Dá fruto na época própria,
Sua folhagem não murchará jamais.
Tudo o que empreende, prospera.

3) Os ímpios não são assim!
Mas são como a palha que o vento leva.
Por isso não suportarão o juízo,
Nem permanecerão os pecadores na assembléia dos justos.
Porque o Senhor vela pelo caminho dos justos,
Ao passo que o dos ímpios leva à perdição.

Evangelho (Jo 14,15-26)

Comentarista: João nos ensina que o Espírito Santo é nosso consolador. É o Espírito da Verdade que procede do Pai, é nosso intercessor e advogado. De pé, aclamemos o Evangelho, cantando:

Canto

Opção 1: Canto n. 339. *Cantos e orações*. Ed. Vozes.
"Aleluia! cantamos vibrando"
(Letra: Pe. Lúcio Floro. Música: Ir. Míria T. Kolling)

Opção 2: Canto n. 345. *Cantos e orações*. Ed. Vozes.
"O meu Espírito conduz"
(Letra: J. Thomaz Filho. Música: Frei Fabreti).

Proclamação do Evangelho

Dirigente

4. Homilia

Canto

Opção 1: Canto n. 118. *Louvemos o Senhor*.
"Vem, e eu mostrarei"
(Waldeci Farias, Josmar Braga. CD Canções para orar 2.)

Opção 2: Canto n. 367. *Cantos e orações*. Ed. Vozes.
"Presente Tu estás" (Um hino ao divino)
(Zé Vicente. Ed. Paulinas, Comep CD 11.)

5. Pedidos de perdão

Comentarista: Deus é Amor, e este amor é derramado em nossos corações pelo Espírito que nos foi dado, para vivermos uma vida de cristãos verdadeiros. Para ajudar-nos, o Espírito Santo nos socorre em nossas fraquezas e intercede por nós, pois Ele é o artífice das obras de Deus. Também é pelo poder do Espírito que os filhos de Deus podem dar frutos. Os frutos do Espírito são perfeições que o Espírito Santo projeta em nós, através de nossas obras e ações, que comprovam a sua presença e nos tornam dóceis a uma vida fraterna. Inspirados por Ele, vamos examinar nossa consciência, indagando se estamos vivendo estes frutos em convivência fraterna.

1º Fruto – CARIDADE: É a expressão maior do amor de Deus e ao próximo. Mesmo que eu tivesse toda a fé, a ponto de transportar montanhas, se não tiver caridade não sou nada. A caridade é paciente, a caridade é bondosa. Não tem inveja. (Pausa)

– Pelas vezes que deixamos de praticar a caridade com os nossos semelhantes, ignorando suas necessidades, pedimos perdão.

Canto (Todos)

Canto n. 227. *Louvemos o Senhor.*

"Perdão, Senhor"

(Pe. Nereu de Castro Teixeira)

Somente o refrão.

2º Fruto – ALEGRIA: É tudo aquilo que nos causa satisfação, contentamento. O cristão deve sempre estar alegre, mesmo nas provações, como aconteceu com aquela mulher do Evangelho de Lucas, que, perdendo uma de suas dez moedas, procurou cuidadosamente, até encontrá-la. Sua alegria foi tanta que a compartilhou com suas amigas. (Pausa)

– Pelas vezes que não partilhamos a nossa alegria, e ficamos incomodados com a alegria dos outros, pedimos perdão.

Canto

Repetir o **refrão** do canto anterior.

3º Fruto – PAZ: É um dom de Deus. Ter paz é ter a consciência tranqüila, é viver sem hostilizar os semelhantes. É manter boas relações entre pessoas e povos. Devemos sempre desejar paz ao outro, pois, mesmo que ele não a receba, ela voltará para nós. (Pausa)

– Pelas vezes que não contribuímos para estabelecer a paz com Deus e com o próximo, pedimos perdão.

Canto

Repetir o **refrão** do canto anterior.

4º Fruto – PACIÊNCIA: Virtude que nos faz suportar as dores, incômodos, infortúnios, etc. sem queixa e com resignação, assim como Jesus que pacientemente carregou a cruz, demonstrando uma perseverança tranqüila. (Pausa)

– Pelas vezes que, inconformados, fomos impacientes no nosso dia-a-dia diante das nossas provações, pedimos perdão.

Canto

Repetir o **refrão** do canto anterior.

5º Fruto – HUMILDADE: É virtude que nos dá a dimensão do sentimento de nossa fraqueza. É perceber nossas limitações. A humildade é condição indispensável para receber o Reino de Deus e para entender os seus mistérios: Cristo, sendo Senhor, veio para servir e não para ser servido. Seu grande exemplo nos ensina como devemos evitar o nosso orgulho colocando-nos a serviço do próximo. Todos somos iguais aos olhos de Deus. (Pausa)

– Pelas vezes que deixamos o nosso orgulho massacrar o próximo, pedimos perdão.

Canto

Repetir o **refrão** do canto anterior.

6º Fruto – BONDADE: É a virtude daquele que pratica boas ações com brandura, que é clemente e generoso. Jesus é o maior exemplo de bondade quando cura os doentes, converte os pecadores, e nos aceita com todas as nossas fraquezas. (Pausa)

– Pelas vezes que fomos insensíveis no trato com os nossos irmãos, afastando-nos de Vós, pedimos perdão.

Canto

Repetir o **refrão** do canto anterior.

7º Fruto – FIDELIDADE: É ser firme, fiel, perseverante nas afeições, sentimentos e preceitos. É a nossa lealdade com Deus na aceitação da verdade em relação à nossa fé. A fidelidade é muito importante nas relações humanas. (Pausa)

– Pelas vezes que fomos infiéis no nosso relacionamento divino e humano, pedimos perdão.

Canto

Repetir o **refrão** do canto anterior.

8º Fruto – BRANDURA: É a qualidade ou caráter de brando, suave. Jesus, no seu julgamento e caminhada rumo ao Calvário, nos ensinou o que é ser brando. (Pausa)

– Pelas vezes que não usamos de mansidão no trato com as pessoas do nosso relacionamento, pedimos perdão.

Canto:

Repetir o **refrão** do canto anterior.

9º Fruto – TEMPERANÇA: É a virtude de quem é moderado nos apetites e paixões. A vontade de Deus é a nossa santificação. Para alcançá-la, cada um de nós deve usar o seu corpo com santidade e honradez, sem se deixar levar pelas paixões. (Pausa)

– Pelas vezes que nosso comportamento deixou de ser moderado, sendo motivo de escândalo para os outros, pedimos perdão.

Canto

Repetir o **refrão** do canto anterior.

10º Fruto – JUSTIÇA: A justiça consiste em dar a cada um o que é seu, o que lhe é de direito. Porém, Deus deseja muito mais de nós. Ele almeja a perfeição moral e religiosa nas nossas atitudes. Ser justo é agir de acordo com a vontade de Deus, é respeitar o direito dos fracos e oprimidos. Se amamos o próximo, necessariamente praticamos a justiça. (Pausa)

– Pelas vezes que deixamos de praticar a justiça, maltratando o próximo e desrespeitando a vossa vontade, pedimos perdão.

Canto

Repetir o **refrão** do canto anterior.

11º Fruto – PERDÃO: O perdão está ligado ao dom do Espírito. O perdão de Deus está subordinado à fé do pecador arrependido. Os cristãos devem ser portadores do perdão de Deus, perdoando até seus inimigos. (Pausa)

– Pelas vezes que deixamos de perdoar os nossos irmãos e nos afastamos de Vós, pedimos perdão.

Canto

Repetir o **refrão** do canto anterior.

12º Fruto – AMOR: O amor a Deus é o primeiro e maior dos mandamentos. É a resposta do ser humano à iniciativa de Deus, que nos amou primeiro. O amor fraterno é um sinal de que amamos a Deus. Deus é amor, e quem permanece no amor permanece em Deus e Deus nele. Sem o amor é impossível a vivência dos frutos do Espírito Santo. (Pausa)

– Senhor, por todas as vezes que não manifestamos o nosso amor a Deus e ao próximo, pedimos perdão.

Canto

Repetir o **refrão** do canto anterior.

Acréscimo do dirigente.

6. Canto

Canto n. 644. *Cantos e orações*. Ed. Vozes.

"Tu anseias, eu bem sei"

(Letra: Charles H. Gabriel. Música: Ada Blenkhom)

Dirigente: Irmãos e irmãs, Deus quer que todos nós sejamos salvos, que ninguém se perca e, por isso, está sempre oferecendo-nos o seu amor e o seu perdão. A nossa reconciliação com o Pai depende apenas do arrependimento sincero dos nossos pecados e do desejo de permanecermos em comunhão com Ele. Tenhamos todos o propósito de multiplicar em nós os frutos que o Espírito Santo nos concede, a fim de que, colocados a serviço, a nossa conversão seja verdadeira. Rezemos: Confesso a Deus...

Convite à oração do Pai-nosso.

7.

Pode-se proceder aqui à confissão sacramental segundo o Ritual Romano.

Dirigente (Convite à oração...)

8. Oração de ação de graças (Papa Pio XII)

Todos: Vem, Espírito Santo, toma meu corpo para templo Teu!

Vem e fica sempre comigo!

Dá-me profundo amor ao Sacratíssimo Coração de Jesus, a fim de servi-lo

de todo coração,
com toda a minha alma, com todas as minhas forças.
Consagro-te todas as faculdades
de minha alma e de meu corpo.
Domina todas as minhas paixões, emoções e sentimentos.
Recebe a minha inteligência e minha vontade,
minha memória e minha fantasia.
Ó Espírito Santo de Amor,
dá-me rica medida de tua graça eficaz.
dá-me a plenitude de todas as virtudes,
aumenta-me a fé, fortalece minha esperança,
aumenta-me a confiança e inflama meu amor.
Concede-me os teus sete dons, teus frutos e bem-aventuranças.
Santíssima Trindade,
que minha alma seja teu templo.
Amém.

Canto

Canto n. 246. *Cantos e orações*. Ed. Vozes.
"Enviai o vosso Espírito" (Sl 103)
(Letra: *Lecionário*. Música: André J. Zamur. Ed. Paulus, CD 8.)

9. Bênção final

Dirigente: Deus, que vos chamou das trevas à sua luz admirável, derrame sobre vós as suas bênçãos e vos confirme na fé, na esperança e na caridade!

Todos: Amém!

Dirigente: Porque seguis confiantes o Cristo, que se manifestou ao mundo como luz entre as trevas, Deus vos torne também uma luz para os vossos irmãos!

Todos: Amém!

Dirigente: Terminada a vossa peregrinação, possais chegar ao Cristo Senhor, luz da luz, que vos conduzirá ao Pai!

Todos: Amém!

Dirigente: Abençoe-vos Deus todo-poderoso, Pai e Filho e Espírito Santo!

Todos: Amém!

Dirigente: Ide em paz, e o Senhor vos acompanhe!

Todos: Graças a Deus!

SUBSÍDIOS

Cenário

a) Preparação do ambiente

Olhar o desenho correspondente.

b) Objetos necessários

2 tripés para plantas com capacidade para 6 vasos cada um

1 cruz (com ou sem imagem)

Vasos pequenos de folhagem verde

Galho seco de planta com algumas folhas

Pedras

Vasilha de ferro ou pedra (panela ou caldeirão)

Carvão

1 vasilha pequena com incenso e 1 colherinha

12 pedaços pequenos de cartolina branca

12 pedaços pequenos de papel de seda branco

12 velas

2 velas para o altar

2 tocos de vela

c) Instruções

As duas velas do altar ficam acesas do início ao fim da celebração.

Os dois tocos de vela ficam no altar, cada um ao lado da vela acesa.

As plantas verdes são colocadas no pé da cruz.

O galho seco será fixado no meio das pedras.

Os 12 pedaços de cartolina serão colocados nas velas.

Os 12 pedaços de papel de seda serão colocados no galho seco.

As 12 velas colocadas nos tripés (seis de cada lado) ficam apagadas. Serão acesas no momento próprio.

Gestos simbólicos

Antes de se iniciar o n. 5 da celebração, apagar as luzes da igreja.

O comentarista fará uso de uma lanterna e sua leitura deverá ser pausada, para que a assembléia acompanhe. Se houver microfone, será melhor.

As pessoas que desejarem acompanhar este momento, deverão providenciar suas lanternas.

Quando o comentarista iniciar a fala: "1º Fruto – CARIDADE...", uma pessoa entra pelo corredor central e se coloca, de pé, na frente do cenário, abaixando a cabeça e permanecendo assim.

Quando o comentarista começar a falar: "Pelas vezes...", esta pessoa ajoelha-se dobrando o corpo, ficando assim até o comentarista falar as palavras "...pedimos perdão". Então a pessoa se levanta, retira do galho seco o pecado oposto ao fruto e joga-o na vasilha com as brasas; pega um pouquinho de incenso (uma colherinha) e joga-o também nas brasas. Em seguida, vai até o altar, acende o toco de vela na vela do altar e com ele acende a vela do tripé correspondente ao fruto que foi falado (CARIDADE); depois apaga o toco de vela e o recoloca no lugar de onde foi tirado, voltando para o seu lugar *pela lateral* (direita ou esquerda, conforme cada caso).

Enquanto isto acontece, a assembléia canta o refrão do canto, *repetindo-o*.

Este mesmo procedimento *será repetido* para cada fruto.

Observação: O comentarista deverá esperar que a pessoa encarregada do gesto simbólico *inicie* a volta para o seu lugar. Só então reiniciará a fala do fruto seguinte.

A pessoa que vai participar do gesto simbólico deverá verificar, com antecedência: a) *no galho seco*, onde se encontra o pecado que irá retirar; b) *no tripé*, onde se encontra a vela, que irá acender, correspondente ao fruto (oposto do pecado).

Evitar que fique confusa, sem saber se é lado direito ou esquerdo.

Terminado o gesto simbólico, a pessoa que o fez deverá sair pela lateral direita se a vela que acendeu estiver no tripé da direita ou, então, pela lateral esquerda, se for o caso, adotando o mesmo critério. Assim evitará ocupar o corredor central (sem necessidade) que deverá ficar livre.

Terminado o canto refrão do *último fruto*: AMOR, antes do "Acréscimo do dirigente", acender as luzes da igreja, dando prosseguimento à celebração.

Sugestões

A Equipe de Liturgia providenciará, com antecedência, 12 pessoas que irão participar dos gestos simbólicos, *orientando-as bem*, para que tudo aconteça sem tropeços, *no maior silêncio e respeito*.

Poderão ser usados tripés para vasos, com suportes pequenos (os de violetas são ideais). Se o tripé tiver capacidade para mais de seis vasos, desprezar, de baixo para cima, as bases desnecessárias.

As velas (tipo lanterninhas) podem ser colocadas nos pratinhos plásticos que servem para apoiar os vasos e depois introduzidos nas aberturas dos tripés.

Pregar, em cada vela, o pedaço de cartolina branca com o nome do fruto, de modo que fique bem visível, porém sem cobrir toda a lanterna.

Pregar no galho seco os pedaços de papel de seda branco com os nomes dos pecados, podendo usar algumas folhas do galho seco para apoio. Outras folhas e galhos deverão ficar livres. Esses papéis deverão ser fixados de maneira que a sua retirada seja fácil.

Não existe uma ordem para colocá-los no galho (ficam espalhados).

Observar que cada pecado é o oposto de um fruto. *Exemplo*: maldade (pecado) x bondade (fruto).

Na retirada de cada pecado (gesto simbólico), observar a ordem que está na relação que se segue.

Confecção das lanternas

Usar garrafas plásticas brancas de refrigerante de 2 litros.

Cortar a garrafa em duas partes. A parte inferior deve ser um pouco maior quc a superior. Na extremidade da parte superior (onde foi cortada) fazer dois ou três cortes pequenos com a tesoura, para facilitar a sua introdução na parte inferior da garrafa.

Colocar a parte superior dentro da parte inferior, de cabeça para baixo, de modo que o gargalo da garrafa toque o fundo da outra parte que ficará por fora. *Ver o desenho anexo*.

Pegar uma vela, derreter um pouco a sua base, e antes que a vela seque introduzi-la no gargalo, fixando-a. O bico da garrafa vai servir de apoio para a vela, *principalmente se receber antes vela derretida*.

A parte externa da lanterna poderá ser enfeitada com pequenos pedaços de papel prateado, apenas alguns, para não encobrir a transparência do plástico. Se possível, usar papel *prismático* ou *Kodak® autocolante*.

Pegar um ferro de passar roupa quente e passá-lo na extremidade da parte maior da garrafa (onde foi cortada), dando um acabamento melhor na lanterna, antes de ser colocada a vela.

Com as garrafas de Coca-Cola®, as lanternas ficarão mais bonitas e poderão ser usadas várias vezes.

Relação dos frutos e pecados

FRUTOS Acender as lanternas	PECADOS Retirar e queimar
1) Caridade 2) Alegria 3) Paz 4) Paciência 5) Humildade 6) Bondade 7) Fidelidade 8) Brandura 9) Temperança 10) Justiça 11) Perdão 12) Amor	1) Egoísmo 2) Tristeza 3) Discórdia 4) Impaciência 5) Orgulho 6) Maldade 7) Infidelidade 8) Aspereza 9) Intemperança 10) Injustiça 11) Vingança 12) Desamor

O Espírito Santo interpela a vida

Cenário

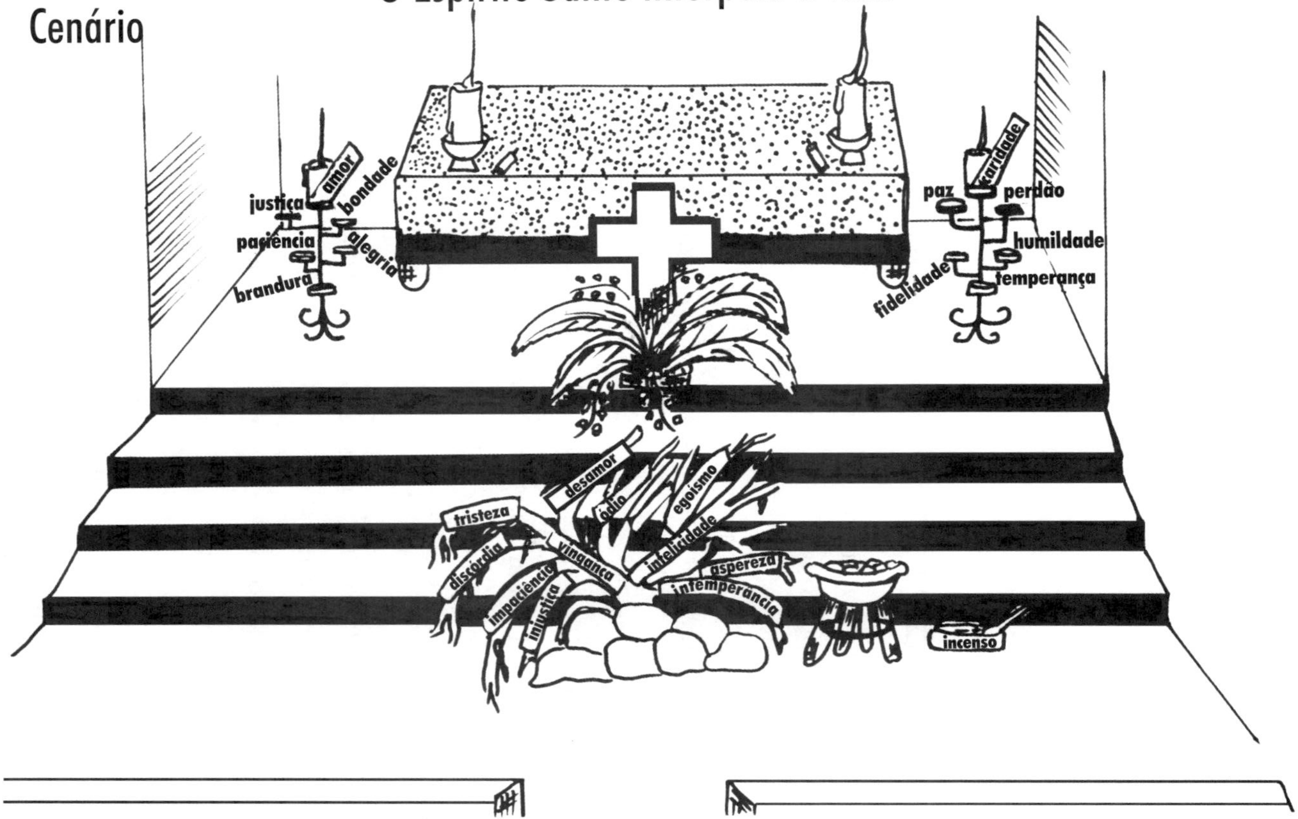

8
Um coração puro conduz à salvação

1. Introdução

Comentarista: Irmãos e irmãs, aqui nos reunimos para a celebração da penitência. Sabemos que o pecado nos desintegra e nos torna menos humanos. Ele nos cega e endurece nosso coração. Por isto precisamos da reconciliação para retomar o caminho da esperança e reconstruir o que o pecado desfez. De pé, cantemos:

Canto

Opção 1: Canto n. 439. *Cantos e orações*. Ed. Vozes.
"Conheço um coração"
(Pe. Joãozinho, SCJ. Ed. Paulinas, Comep, CD 18.)

Opção 2: Canto n. 706. *Cantos e orações*. Ed. Vozes.
"Um coração para amar"
(Pe. Zezinho, SCJ. Ed. Paulinas, Comep, CD 35.)

2. Acolhida

Dirigente: Em nome do Pai...

Irmãos e irmãs, no meio em que viveis deparais, muitas vezes, com pessoas que necessitam do vosso amor, atenção, socorro e até mesmo da vossa amizade. Nesta celebração, deveis verificar como tendes agido diante dessas situações. Quando mais precisam de vós, essas pessoas passam despercebidas? Nada fazeis? Neste momento penitencial, procurai reconhecer vossos erros e omissões, e pedi ao nosso Deus misericordioso o perdão dos vossos pecados para que, em comunhão com o Pai e os irmãos, brilhe em vossas vidas, obras e ações, a imagem do Filho Jesus Cristo. De pé, cantemos:

Todos: Que Deus nos acolha com a sua misericórdia e fortaleça nossa vontade de mudança para que os nossos corações se abram ao seu perdão regenerador de nossas vidas.

3. Liturgia da Palavra

1ª leitura (Eclo 35,15b-17,20-22a)

Comentarista: A oração dos humildes atravessa as nuvens e chega até o coração de Deus.

Salmo de meditação (Sl 50)

Refrão: Pequei, Senhor, misericórdia (cantado).

Tende piedade, ó meu Deus, misericórdia!
Na imensidão de vosso amor purificai-me!
Do meu pecado todo inteiro me lavai,
E apagai completamente a minha culpa!

Criai em mim um coração que seja puro,
Dai-me de novo um espírito decidido.
Ó Senhor, não me afasteis de vossa face,
Nem retireis de mim o vosso Santo Espírito.

Dai-me de novo a alegria de ser salvo
E confirmai-me com espírito generoso!
Ensinarei vossos caminhos aos pecadores
E para Vós se voltarão os transviados.

Evangelho (Mt 5,1-12)

Comentarista: As bem-aventuranças são o anúncio da felicidade porque proclamam a libertação e não o conformismo. Com elas Jesus revela seu amor aos pobres, desamparados, aflitos e perseguidos e lhes promete o Reino do Céu. De pé, aclamemos o Evangelho, cantando:

Canto

Opção 1: Canto n. 433. *Cantos e orações*. Ed. Vozes.
"Aleluia! como Pai"
(Letra: D. Carlos Alberto Navarro. Música: Waldeci Farias)

Opção 2: Canto n. 759. Louvemos o Senhor.
"Fala em nossos corações"
(João Sena)

Proclamação do Evangelho

Dirigente

4. Homilia

Canto

Opção 1: Canto n. 71. *Louvemos o Senhor*.
"Sim, eu quero"
(Pe. José Weber)

Opção 2: Canto n. 438. *Cantos e orações*. Ed. Vozes.
"Coração de Cristo"
(Ir. Ofélia de Carvalho)

5. Pedidos de perdão

Dirigente: Mesmo vivendo as tensões e as dificuldades do tempo presente, deveis confiar no poder de Cristo, que vos conforta e vos sustenta. Com Ele, e juntamente com vossos irmãos de caminhada, tudo podeis superar com alegria. Examineis vossas consciências diante de Deus para que alcanceis a conversão que vos conduz à salvação eterna.

Todos: Senhor, sabemos que Vós amais a sinceridade de coração. Por isto vos pedimos infundir a sabedoria no mais íntimo do nosso ser, a fim de que reconheçamos toda a nossa iniqüidade.

Comentarista: Jesus traz esperanças e um novo alento para os sofredores e aflitos recomeçarem uma vida nova. Porém, é preciso muito mais do que o simples desejo de conversão. É indispensável manter-se firme no propósito de mudança e perseverar na prática do amor doação. Peçamos a Deus que nos conceda o seu perdão misericordioso, um coração puro, magnânimo e a graça de vivermos o amor fraterno.

1) Um coração sensato e generoso, desprendido dos bens materiais e sensível aos apelos de Deus, está sempre pronto a acolher e ajudar seus semelhantes. (Pausa)

– Senhor, pelas vezes que o egoísmo calou a voz do meu coração, tornando-o insensível às necessidades de meus irmãos, peço-vos perdão.

Canto (Todos)

Canto n. 901. *Cantos e orações*. Ed. Vozes.

"Eu canto a alegria".

(Letra: Áurea C. Sigrist. Música: Pe. Antônio Haddad)

Somente o refrão.

2) Reconhecer nossas fraquezas e culpas, perante Deus e nossos irmãos, é prova de humildade e condição necessária a todo cristão autêntico. (Pausa)

– Senhor, pelas vezes que não fui capaz de consolar ou de reanimar o meu irmão debilitado, por não compreender ou não aceitar as suas fraquezas, peço-vos perdão.

Canto

Repetir o **refrão** do canto anterior.

3) Enquanto a violência gera desespero, um gesto amigo como um semblante sereno, uma palavra de conforto, uma demonstração de carinho, uma atitude compreensiva irradiam mansidão e trazem a paz. (Pausa)

– Senhor, pelas vezes que não fui atencioso, compreensivo e generoso com meus irmãos, principalmente com aqueles mais necessitados, peço-vos perdão.

Canto

Repetir o **refrão** do canto anterior.

4) Defender os injustiçados e oprimidos é dever não só do cristão, mas de toda pessoa digna, temente a Deus. (Pausa)

– Senhor, pelas vezes que cometi injustiças ou que deixei de defender os injustiçados, cruzando-me os braços diante de seus problemas, peço-vos perdão.

Canto

Repetir o **refrão** do canto anterior.

5) A misericórdia humana subentende o perdão, o esquecimento das ofensas recebidas, o pagamento do mal com o bem, o entendimento da vontade de Deus para se chegar à conversão, reconciliação, salvação. A misericórdia divina é aquela que procede do amor infinito de Deus para conosco, que nunca falha e que recebemos a todo instante, mesmo sem merecermos. (Pausa)

– Senhor, pelas vezes que deixei de perdoar os meus irmãos, pelas vezes que no lugar do perdão desejei vingança, e também pelas vezes que condenei meu próximo por falta que eu também cometo, peço-vos perdão.

Canto

Repetir o **refrão** do canto anterior.

6) O coração de criança é um coração puro, inocente, sincero, sempre aberto para o amor. É com um coração assim que veremos a Deus, que conhece o íntimo de cada um de nós. Por isso, não adianta querer dissimular sentimentos, nem usar artifícios para mascarar nossas ações, pois Deus tudo sabe e tudo vê. (Pausa)

– Senhor, pelas vezes que armazenei em meu coração o rancor, a inveja, a mesquinhez e os maus desejos, tornando-o fechado aos apelos dos meus irmãos carentes e indigno para a morada do Espírito Santo, peço-vos perdão.

Canto

Repetir o **refrão** do canto anterior.

7) O homem pacífico não se irrita facilmente; mesmo nas situações difíceis, procura compreender e não julgar. É paciente e portador da paz. (Pausa)

– Senhor, pelas vezes que fui agressivo com meus familiares, ríspido e intolerante com meus semelhantes, no trabalho e na comunidade em que vivo, peço-vos perdão.

Canto

Repetir o **refrão** do canto anterior.

8) O homem que procura promover a justiça, que assume posições declaradas em favor dos mais fracos, que denuncia e combate os opressores, acaba se tornando uma pessoa incômoda e inconveniente na sociedade em que vive. (Pausa)

– Senhor, pelas vezes que presenciei injustiças, mas vergonhosamente me calei, ou por comodismo deixei de ajudar a promover a justiça, peço-vos perdão.

Canto:

Repetir o **refrão** do canto anterior.

9) Testemunhar a fé cristã é ajudar a libertar os oprimidos, socorrer os aflitos, os pobres e os marginalizados, sem medo de críticas e conseqüências que poderão acontecer contra aqueles que lutam em favor da justiça e da paz. (Pausa)

– Senhor, pelas vezes que, por preconceito ou indiferença, deixei de estender a mão para auxiliar os excluídos e me tornei cego e insensível diante das necessidades dos meus irmãos sofredores, peço-vos perdão.

Canto

Repetir o **refrão** do canto anterior.

10) Ser cristão é seguir os ensinamentos de Cristo. É viver amando, acreditando e espalhando o bem. É confiar no amor

de Deus e na sua misericórdia. O bom cristão não cruza os braços. Vai à luta para melhorar o mundo, onde todos se respeitem e vivam o amor fraterno. (Pausa)

– Senhor, pelas vezes que não acreditei na recuperação do ser humano, na sua bondade; pelas vezes que não testemunhei a minha fé, não fui verdadeiro, nem solidário, deixando de contribuir com minha parcela para que o mundo se tornasse melhor, peço-vos perdão.

Canto

Repetir o **refrão** do canto anterior.

Acréscimo do dirigente.

Dirigente: O caminho de Deus é o caminho que Cristo percorreu na sua vida terrestre. Sua pregação é força e luz para aqueles que observam os seus ensinamentos e que desejam a conversão, tornando-se assim filhos de Deus. Vamos agora refletir sobre o Cântico de Ezequiel que nos transmite as condições e a garantia que Deus nos oferece se lhe formos fiéis e se nos colocarmos sob a sua proteção.

– Eu vos tirarei dentre os povos onde vos acháveis dispersos, vos reunirei e vos devolverei ao vosso país.

Todos: Dai-nos, Senhor, um novo coração e com ele um novo espírito, sensíveis à vossa vontade.

Dirigente: Em vossa terra, entrareis despejados das práticas nefandas que vos tornaram indignos perante vosso Deus.

Todos: Dai-nos, Senhor, um novo coração e com ele um novo espírito, sensíveis à vossa vontade.

Dirigente: Eu tirarei o vosso coração de pedra e vos darei um coração de carne, sensível e obediente.

Todos: Dai-nos, Senhor, um novo coração e com ele um novo espírito, sensíveis à vossa vontade.

Dirigente: Assim, obedecereis às minhas leis, guardareis e praticareis os meus mandamentos. *Vós sereis meu povo e eu serei o vosso Deus*.

Todos: Dai-nos, Senhor, um novo coração e com ele um novo espírito, sensíveis à vossa vontade.

Dirigente: Os rebeldes, que permanecerem no erro, sentirão as conseqüências de sua conduta, pois farei pesar sobre eles a minha justiça.

Todos: Dai-nos, Senhor, um novo coração e com ele um novo espírito, sensíveis à vossa vontade.

6. Canto

Canto n. 129. *Louvemos o Senhor*.

"Senhor, quem entrará"

(Pe. Jonas Abib. CD Canções para Orar I.)

Somente 1º e 2º versos.

Dirigente: Senhor Pai de bondade, vossos filhos e filhas querem obter, pela intercessão de Jesus Cristo, o perdão dos pecados cometidos. Arrependidos e confiantes na misericórdia divina, rezemos todos juntos: Confesso a Deus...

Convite à oração do Pai-nosso.

Aspersão

Dirigente

Canto

Canto n. 907. *Cantos e orações*. Ed. Vozes.
"Água Santa, ó água pura!"
(Letra: Pe. Lúcio Floro. Música: Ir. Míria T. Kolling)

7.

Pode-se proceder aqui à confissão sacramental segundo o Ritual Romano.

Canto

Canto n. 129. *Louvemos o Senhor*.
"Senhor, quem entrará"
(Pe. Jonas Abib. CD Canções para Orar I.)
Somente o último verso.

Dirigente (Convite à oração...).

8. Oração de ação de graças (Papa Paulo VI)

Todos: Ó Espírito Santo! Dai-me um coração grande, aberto à vossa silenciosa e forte Palavra inspiradora; fechado a todas as ambições mesquinhas; alheio a qualquer desprezível competição humana; compenetrado no sentido da Santa Igreja! Um coração grande, desejoso de se tornar semelhante ao coração do Senhor Jesus! Um coração grande e forte para amar a todos, para servir a todos, para sofrer por todos! Um coração grande e forte para superar todas as provações, todo tédio, todo cansaço, toda desilusão, toda ofensa! Um coração grande, forte e constante até o sacrifício, quando for necessário! Um coração cuja felicidade é palpitar com o coração de Cristo e cumprir humilde, fiel e virilmente a vontade do Pai. Amém.

Canto

Canto n. 84. *Louvemos o Senhor*.
"Oração de São Francisco"
(Pe. Irala. CD Canções para Orar 2.)

9. Bênção final

Dirigente: O Senhor esteja convosco!

Todos: Ele está no meio de nós!

Dirigente: Deus vos abençoe e vos guarde!

Todos: Amém!

Dirigente: Ele vos mostre a sua face e se compadeça de vós!

Todos: Amém!

Dirigente: Volva para vós o seu olhar e vos dê a sua paz!

Todos: Amém!

Dirigente: Abençoe-vos Deus todo-poderoso, Pai e Filho e Espírito Santo!

Todos: Amém!

Dirigente: Ide em paz e o Senhor vos acompanhe!

Todos: Graças a Deus!

A 1ª leitura está no *Lecionário dominical* – 30º Domingo do Tempo Comum, p. 987 (Eclo 35,15b-17,20-22a).

9
A Trindade Santa e a infidelidade humana
Veja subsídios ao final do texto

1. Introdução

Comentarista: Irmãos e irmãs, sejam bem-vindos a esta celebração penitencial, onde iremos refletir sobre a Trindade Santa e a infidelidade humana. Se a Trindade mora em todos nós, toda vez que ofendemos nossos irmãos, ofendemos também a Trindade Divina, pois a falta cometida é um ato de infidelidade que nos afasta da Trindade Santa. Como somos filhos do mesmo Pai, também somos irmãos e devemos viver em fraternidade. Quanto mais formos irmãos uns dos outros, mais seremos filhos deste mesmo Pai, *Deus Criador*. E desde que estamos aqui reunidos, com o propósito de celebrar o amor de nosso Deus, que nunca se cansa de nos perdoar e acolher, tenhamos uma atitude de sincera confiança diante do perdão e da misericórdia da Trindade Santa. De pé, cantemos:

Canto

Opção 1: Canto n. 899. *Cantos e orações*. Ed. Vozes.

"Senhor, tende piedade de nós"

(Pe. Zezinho, SCJ)

Opção 2: Canto n. 750. *Louvemos o Senhor*.
"Conheço um coração"
(Pe. Joãozinho, SCJ. CD Conheço um coração.)

2. Acolhida

Dirigente: Em nome do Pai...

Deus que fez brilhar sua luz em vossos corações vos conceda a graça de reconhecerdes vossos pecados e a grandeza de sua misericórdia.

Todos: Pai, pecamos contra Vós e já não somos dignos de sermos chamados vossos filhos.

Dirigente: Que Jesus vos acolha, Ele que não veio chamar os justos, mas os pecadores.

Todos: Voltemos o olhar para Jesus, que sofreu para nos salvar e ressuscitou para nossa salvação.

Dirigente: A graça do Espírito Santo ilumine vossos corações para que confessais os vossos pecados e reconheçais a misericórdia de Deus.

Todos: Pela graça do Espírito Santo, sejamos purificados de todo pecado e renascidos para uma vida nova em comunhão com a Trindade Santa.

Dirigente: Que o amor do Pai cure vossos corações sofridos, que a imagem do Filho brilhe em vossas vidas e que a força do Espírito Santo fortaleça vossas fragilidades.

Todos: Amém.

3. Liturgia da Palavra

1ª leitura (Eclo 15,11-22)

Comentarista: Deus não pode ser o causador do pecado que Ele detesta, pois Ele criou o homem livre, e portanto responsável pelos seus atos. Depende de o homem acolher ou rejeitar a sabedoria. Para lhe ser fiel, deve praticar o que lhe é agradável, seguindo os seus preceitos.

Salmo de meditação (Sl 138)

Canto

Canto n. 844. *Cantos e orações*. Ed. Vozes.
"Tu me conheces" (Sl 138)
(D.R.)

Evangelho (Lc 12,1-10)

Comentarista: O Evangelho ensina que sejamos cristãos autênticos e que levemos uma vida com ações que testemunhem o nosso compromisso com a Trindade Santa. De pé, aclamemos o Evangelho, cantando:

Canto

Opção 1: Canto n. 526. *Cantos e orações*. Ed. Vozes.
"Aleluia! No princípio"
(Frei Fabreti)

Opção 2: Canto n. 377. *Cantos e orações*. Ed. Vozes.
"Aleluia tua Palavra"
(Letra: J. Thomaz Filho. Música: Ir. Míria T. Kolling)

Proclamação do Evangelho

Dirigente

4. Homilia

Canto

Opção 1: Canto n. 765. *Cantos e orações*. Ed. Vozes.
"Tu és minha vida" (Creio)
(Associação do Senhor Jesus, CD 4.)

Opção 2: Canto n. 382. *Cantos e orações*. Ed. Vozes.
"Ó Trindade imensa e una"
(Letra: *Liturgia das Horas*. Música: Ir. Míria T. Kolling. Ed. Paulus, CD 15.)

5. Pedidos de perdão

Comentarista: A humanidade, perdida e escravizada pelo pecado, estava afastada de Deus. Ele, porém, manifesta sua misericórdia enviando seu Filho, cuja missão é a redenção do mundo. Pela sua morte e ressurreição, o Filho abre o caminho da salvação para todos os homens e possibilita a sua reconciliação com Deus Pai. Jesus convida-os a se converterem crendo no Evangelho e penitenciando-se. Quando isso acontece, o pecador se beneficia com a graça de Deus que nos amou primeiro e a Ele retorna. Une-se a Cristo que se entregou por ele e ao Espírito Santo que lhe é dado em abundância. A conversão do pecador produz também outra conseqüência que se verifica na sua convivência com os irmãos, pois os efeitos das suas faltas prejudicam a todos. O mesmo acontece com a sua santidade, que traz benefícios aos outros, seus irmãos. Concluímos que a penitência exige sempre a reconciliação com os irmãos, aos quais o pecado prejudica.

Dirigente: Muitas vezes os homens colaboram entre si na prática do mal, mas também se ajudam mutuamente no arrependimento, a fim de que, remidos do pecado por Cristo, e com a graça do Espírito Santo, se unam aos homens de boa vontade e realizem no mundo a justiça e a paz. Assim esclarecidos, vamos examinar cuidadosamente nossa consciência, sem esconder nossas culpas, para obtermos o perdão de Deus.

– No nosso dia-a-dia, devemos retratar o Pai, que é princípio do amor e da vida. Contudo, como andam as nossas relações com o nosso Pai Criador?

1) Pelo Sacramento da Penitência, tenho o desejo sincero de purificação, conversão, renovação de vida e de amizade mais profunda com Deus?

2) Tenho-me esforçado para ajustar a minha vida ao Evangelho, no sentido de vivê-lo?

3) Amo a Deus verdadeiramente sobre todas as coisas, como um filho deve amar seu pai, ou me preocupo mais com as coisas terrenas, tendo até vergonha de testemunhar a minha fé em Deus e na Igreja, com medo de comentários maliciosos?

4) Tenho ofendido a Deus com blasfêmias, juramentos falsos ou falta de respeito?

5) Tenho guardado o dia do Senhor?

6) Tenho, talvez, outros deuses como as riquezas, as superstições, o espiritismo ou a macumba, confiando neles mais do que em Deus?

7) Tenho usado do meu tempo, das minhas forças e dos dons recebidos de Deus para buscar a perfeição cristã ou tenho sido ocioso e preguiçoso?

8) Tenho duvidado da misericórdia de Deus e da sua ajuda, a ponto de me sentir perdido, abandonado ou em desespero?

9) Tenho contribuído para preservar a vida humana, a natureza, o meio ambiente e tudo aquilo que Deus criou para o bem da humanidade?

10) Tenho correspondido ao amor de Deus para comigo, vivendo e transmitindo-o aos meus semelhantes?

Todos (ajoelhados): Meu Deus, tende misericórdia de mim na vossa bondade, desviai a vossa face dos meus pecados, apagai a minha iniqüidade, criai em mim um coração puro e dai-me um espírito reto.

Canto

Canto n. 1.090. *Cantos e orações*. Ed. Vozes.

"Perdoai-nos, ó Pai"

(Letra: Jaime Vitalino dos Santos. Música: Pe. José Weber. Ed. Paulinas, Comep, CD 6.)

Somente o quarto verso.

Pausa

Dirigente: No nosso dia-a-dia procuramos reproduzir a imagem do Filho, que é o modelo da acolhida e da receptividade. Entretanto, como estamos procedendo com relação ao Filho Redentor?

1) Tenho estado pronto para perdoar sempre e fazer as pazes quando necessário, por amor de Cristo? Ou tenho guardado ódio ou desejo de vingança, esquecendo-me do mandamento "Amai-vos uns aos outros"?

2) Tenho sido invejoso, vaidoso, orgulhoso, menosprezando meus irmãos e julgando-me superior a eles, contrariando, assim, os ensinamentos de Cristo?

3) Tenho imposto aos demais minha vontade, sem respeitar a liberdade e os direitos alheios, como Cristo pregou?

4) Tenho suportado com paciência as dores e contrariedades da vida, assim como Cristo suportou as dores da paixão?

5) Tenho servido ao meu próximo, ajudando-o em suas necessidades, como manda Jesus?

6) Para viver em união com meus irmãos, tenho-lhes demonstrado solidariedade e fraternidade, como Cristo determinou?

7) Cristo pregou a justiça e condenou a exploração do homem pelo homem. E eu tenho sido justo com meus irmãos, tratando-os com igualdade?

8) Tenho acolhido, com respeito e atenção, os meus irmãos quando me procuram em suas necessidades ou mal os atendo, virando-lhes as costas?

9) Tenho sido receptível aos sofrimentos dos meus irmãos, abrindo-lhes o coração, ou a minha insensibilidade afasta-os do meu caminho?

10) Disse Jesus: "Eu vos deixo a paz, Eu vos dou a minha paz". E eu tenho aceitado, vivido e promovido esta paz no ambiente em que vivo?

Todos (ajoelhados): Embora tendo pecado, não deixo de confiar: Tenho um advogado junto ao Pai, Jesus Cristo, o Justo, que se oferece pelos meus pecados, e não somente pelos meus, mas de todo o mundo. Perdão, Jesus, por não seguir os vossos ensinamentos, não promover a justiça e a paz e não viver o mandamento maior: "Amai a Deus sobre todas as coisas e ao próximo como a mim mesmo".

Canto

Canto n. 494. *Louvemos o Senhor*.

"Cristo amigo"

(Dyrce Piva Jurado).

Pausa

Dirigente: No nosso dia-a-dia somos capazes de refletir a imagem do Espírito Santo, que é fonte da comunhão e da unidade. Porém, como têm sido nossas atitudes em face do Espírito Santificador?

1) Tenho praticado, no meu cotidiano, os compromissos que assumi quando recebi o Sacramento da Crisma?

2) Tenho cuidado de meus sentidos, guardando meu corpo como templo do Espírito Santo?

3) Tenho procurado agir sempre na verdadeira liberdade dos filhos de Deus, segundo a lei do Espírito, ou tenho sido escravo das paixões, não corrigindo as minhas faltas, embora assumidas?

4) Tenho usado mal os dons que recebi do Espírito Santo, demonstrando persistência em continuar no pecado, sem o propósito de mudança de vida?

5) Tenho inveja dos dons que o Espírito Santo concede a outros, a ponto de cobiçá-los?

6) Tenho negado o mistério da Santíssima Trindade ou, então, dele duvidado?

7) Tenho-me desesperado, achando que não sou merecedor da salvação oferecida por Deus, demonstrando falta de crença na sua misericórdia?

8) Tenho sido presunçoso a ponto de achar que, apesar de pecador, já tenho a garantia da salvação eterna?

9) Já blasfemei contra o Espírito Santo ou duvidei da sua ação na comunhão entre os irmãos, e dos irmãos com a Trindade Santa?

10) Tenho negado a ação do Espírito Santo em promover a unidade da Igreja e a unidade dos cristãos com o Deus Trino e com a Igreja?

Pausa

Todos (ajoelhados): Espírito Santo, que é fonte de amor, suplico, cheio de confiança, que purifiqueis o meu coração e me concedais viver como filho da luz, e acreditar, cada vez mais, na vossa força unificadora e santificadora.

Canto

Canto n. 374. *Cantos e orações*. Ed. Vozes.

"Espírito Santo, transforma-me"

(Wilson Sperandio e Pe. Joãozinho, SCJ. Ed. Paulinas, Comep, CD 17.)

Dirigente: Terminada a nossa reflexão, percebemos que, pelo Sacramento da Penitência, "o Pai acolhe o seu filho que regressa. Cristo coloca sobre os ombros a ovelha perdida, reconduzindo-a ao redil, e o Espírito Santo santifica, de novo, a sua morada, que é o coração do homem, ou passa a habitá-la mais plenamente".

6. Canto

Canto n. 898. *Cantos e orações*. Ed. Vozes.

"Tende piedade, vosso povo é santo"

(Pe. Zezinho, SCJ)

Dirigente: Irmãos e irmãs, reconhecestes os vossos pecados contra vossos semelhantes e contra Deus Pai que vos criou e vos concede o seu amor, Deus Filho que vos traz a redenção e Deus Espírito Santo que, com suas graças, vos santifica e torna vossos corações disponíveis para a morada da Trindade Santa. Agora, para que Deus Trino vos confira, pelo ministério da Igreja, o perdão e a paz, rezemos juntos: Confesso a Deus...

Convite à oração do Pai-nosso.

7.

(Pode-se proceder aqui à confissão sacramental segundo o Ritual Romano.)

Dirigente (Convite à oração...)

8. Oração de ação de graças

Todos: Glória ao Pai, que por seu poder me tirou do nada e me criou à sua imagem e semelhança!

Glória ao Filho, que por amor me libertou do inferno e me abriu a porta do céu!

Glória ao Espírito Santo, que por sua misericórdia me santificou no batismo e opera continuamente minha santificação pelas graças que todos os dias recebo de sua infinita bondade!

Glória às três adoráveis pessoas da Santíssima Trindade, como era no princípio, e agora e sempre e por todos os séculos dos séculos!

Eu vos adoro, Trindade Beatíssima, com devoção e profundo respeito; e vos dou graças por nos haverdes revelado tão glorioso e inefável mistério.

Humildemente vos suplico me concedais que, perseverando até a morte nesta crença, possa ver e glorificar no céu o que firmemente creio na terra:

Um Deus em três pessoas distintas:

Pai, Filho e Espírito Santo.

Amém.

Canto

Canto n. 826. *Cantos e orações*. Ed. Vozes.

"Cantai ao Senhor" (Sl 97)

(D.R. Ed. Paulinas, Comep, CD 49.)

9. Bênção final

Dirigente: O Senhor esteja convosco!

Todos: Ele está no meio de nós!

Dirigente: Abençoe-vos Deus, Pai todo-poderoso, que vos fez renascer da água e do Espírito Santo e vos tornou seus filhos e filhas adotivos, e vos conserve dignos de seu amor de Pai!

Todos: Amém!

Dirigente: Abençoe-vos seu Filho unigênito, que prometeu que o Espírito da verdade permaneceria na Igreja, e vos confirme com sua força na profissão da verdadeira fé!

Todos: Amém!

Dirigente: Abençoe-vos o Espírito Santo, que acende o fogo do amor nos vossos corações e vos conduza, unidos num só corpo e sem tropeço, à alegria do Reino de Deus!

Todos: Amém!

Dirigente: Abençoe-vos Deus todo-poderoso, Pai e Filho e Espírito Santo!

Todos: Amém!

Dirigente: Proclamai a todos o amor de Deus! Ide em paz e o Senhor vos acompanhe!

Todos: Graças a Deus!

Subsídios

Cenário

a) Preparação do ambiente

Olhar o desenho correspondente.

b) Objetos necessários

1 cruz (com imagem)

1 vaso grande de folhagem verde

1 vaso pequeno de folhagem verde

1 figura do Pai Eterno (Pai Criador)

Galhos de plantas secas

3 pratinhos plásticos

30 papelotes de incenso

1 vasilha de ferro ou pedra (panela ou caldeirão)

Carvão

1 vela pequena para o altar

3 velas grandes e grossas

1 pomba branca (símbolo do Espírito Santo)

c) Instruções

Os galhos secos serão misturados à planta verde do vaso pequeno e colocados ao pé da cruz.

A vela pequena permanecerá acesa do início ao fim da celebração.

As velas grossas, em geral, se ajustam perfeitamente aos pratinhos, mantendo-se firmes.

Gestos simbólicos

São três reflexões separadas, 10 para cada uma, para cada pessoa da Santíssima Trindade.

Participação de, no mínimo, 10 pessoas, repetindo, estas mesmas pessoas, os gestos simbólicos das reflexões do Filho e do Espírito Santo; ou, então, 30 pessoas (10 para cada pessoa da Trindade Santa), para não haver repetição.

Antes de o dirigente começar a dizer "No nosso dia-a-dia..." (reflexão sobre o Pai, n. 5 da celebração), apagar as luzes da igreja.

Quando o dirigente iniciar esta fala, uma pessoa entra pelo corredor central e, lá na frente, ajoelha-se dobrando o corpo e assim permanece até o fim da fala do n. 1, quando, então, se levanta e retira, do pratinho correspondente à simbologia do Pai, um pacotinho de incenso, joga-o na brasa e sai pela lateral, voltando ao seu lugar de origem.

Assim sucessivamente até a última reflexão.

Após a 10ª reflexão, "Tenho correspondido ao amor...", acender as luzes da igreja.

Todos se ajoelham e fazem juntos o pedido de perdão.

Ao iniciar o canto de perdão, aquela primeira pessoa que deu início ao gesto simbólico entra novamente pelo corredor central levando uma vela grande e grossa, *acesa*, e a coloca no pratinho *vazio* correspondente à primeira pessoa da Trindade.

Observar o mesmo procedimento para as reflexões do Filho e do Espírito Santo, acendendo e apagando as luzes da igreja nos momentos certos.

A 2ª e a 3ª velas grandes, correspondentes às 2ª e 3ª pessoas da Trindade, deverão ser conduzidas por aquelas pessoas que deram início ao gesto simbólico de cada uma daquelas reflexões.

As velas grandes *acesas* irão completar o cenário.

Sugestões

Para o Pai Criador, usar qualquer figura que o identifique facilmente. Esta figura deverá ser colocada no vaso grande de folhagem verde.

A pomba poderá ser feita em isopor e fixada numa haste fina recoberta com papel prateado.

Usar papel de seda (queima fácil) para fazer os 30 pacotinhos de incenso, que serão jogados na brasa, perfumando o ambiente.

Os pratinhos plásticos podem ser aqueles usados como base para os vasinhos de violeta da celebração "O Espírito Santo interpela a vida". (Ver subsídios daquela celebração.)

A vasilha com as brasas deverá ser colocada no ambiente somente um pouquinho antes do início da celebração.

Os objetos que irão representar o Pai e o Filho deverão ser colocados no mesmo plano inferior aos do Espírito Santo. Estes deverão ser colocados no centro, num plano superior àqueles.

Antes do início da celebração, a Equipe de Liturgia deverá *orientar, muito bem*, as pessoas que irão participar dos gestos simbólicos.

Também o dirigente, que irá conduzir os pedidos de perdão, deverá ser informado de como acontecerão os gestos simbólicos, a fim de que ele possa aguardar o término de um gesto antes de iniciar a fala do gesto seguinte.

Usar lanterna, pois as luzes da igreja estarão apagadas durante os pedidos de perdão.

Sugestão para fazer a lanterna

Cenário

Confissão: A Trindade Santa e a infidelidade humana

10
A cruz conduz a humanidade pelo caminho mais curto do perdão

Esta celebração é própria para a Sexta-feira Santa

Veja subsídios ao final dos complementos deste capítulo

1. Introdução

Comentarista: Irmãos e irmãs, sejam todos bem-vindos para esta celebração penitencial. Aqui vamos lembrar alguns significados da cruz na vida do homem. Antigamente, foi "considerada objeto de maldição". Cruz, "síntese do ódio extravasado pela humanidade". Paulo diz: "a linguagem da cruz é loucura para aqueles que se perdem, mas para aqueles que se salvam, para nós, é poder de Deus". "Ponto de chegada para os homens, ponto de partida para Deus. Para os homens, o FIM. Para Deus, o PRINCÍPIO". Ela é, para todos os cristãos, "trono de glória do Filho de Deus e instrumento de salvação para todos os homens". De pé, vamos recebê-la, cantando:

Procissão de entrada

Canto

Opção 1: Canto n. 729. *Louvemos o Senhor*.

"Ninguém te ama como eu"

(M. Valverdi)

Opção 2: Canto n. 233. *Cantos e orações*. Ed. Vozes.

"Que podia eu ter feito?"

(Pe. Irala. CD Clara luz. Verbo Filmes.)

2. Acolhida

Dirigente: Em nome do Pai... (cantado)

O Deus da misericórdia, que enviou seu Filho para remir os pecados da humanidade, esteja convosco.

Todos: Bendito seja Deus que nos agraciou com a libertação oferecida com a morte e ressurreição de Cristo.

Dirigente: Deus todo-poderoso, que vos reuniu aqui para serdes socorridos, ajude-vos a alcançar a conversão.

Todos: Que o amor de Deus fortaleça nossa fé e esperança, cure os nossos corações sofridos e faça brilhar, em nossas vidas, a imagem do Senhor Jesus.

3. Liturgia da Palavra

1ª leitura (2Cr 36,14-16.19-23)

Comentarista: Compadecendo-se do povo infiel, Deus envia Ciro para libertá-lo da escravidão. Pois este mesmo povo, por causa de seus pecados, foi levado ao fracasso político, espiritual e social.

Salmo de meditação (Sl 21)

Canto

Canto n. 196. *Cantos e orações*. Ed. Vozes.

"Meu Deus, meu Deus" (Sl 21)

(José Acácio Santana. Ed. Paulinas, Comep, CD 10.)

Evangelho (Jo 11,45-56)

Comentarista: A comunicação da vida e liberdade é intolerável para um sistema opressor que gera a morte. Caifás apresenta a solução que, ironicamente, tornou-se o coração da fé cristã: Jesus morrerá por todos os nossos pecados para que tenhamos vida eterna. De pé, aclamemos o Evangelho, cantando:

Canto

Opção 1: Canto n. 228. *Cantos e orações*. Ed. Vozes.
"Salve, ó Cristo obediente" (Fl 2,6-11)
(Letra: Reginaldo Veloso. Música: Pe. Sílvio Milanez)

Opção 2: Canto n. 759. *Louvemos o Senhor*.
"Fala em nossos corações"
(João Sena)

Proclamação do Evangelho

Dirigente

4. Homilia

Dirigente

5. Pedidos de perdão a Cristo Salvador

Comentarista: Neste momento, através de gestos simbólicos, vamos pedir perdão por alguns pecados que individualmente cometemos, e que também a humanidade comete:

(Veja o complemento "n. 1" ao final deste capítulo.)

Primeiro canto de perdão

Canto: "Piedade, piedade, pequei contra ti"
(Letra e música: Maria da Conceição Leão e Campos.)

Refrão de resposta para a *assembléia*:

Piedade, piedade, pequei contra ti te pregando na cruz.

Piedade, piedade, tem piedade de mim, ó Jesus!

(As instruções para o procedimento deste complemento encontram-se no n. 2: Gestos simbólicos dos subsídios.)

6. As contradições

Dirigente: A missão de Cristo é salvar a humanidade, propondo ao homem vida nova. Se nós o aceitamos, com certeza alcançaremos a salvação. Se o rejeitamos, entramos para o mundo do pecado. O projeto de Deus, de retirar o homem das trevas, e não mais permitir que o mal prevalecesse sobre o bem, provocou uma transformação profunda na história. Com a chegada de Jesus Cristo, iniciou-se a contagem de um novo tempo. Porém, ainda são inúmeras as contradições entre as propostas de Cristo e as nossas respostas. Com atenção, ouçamos algumas delas.

(Veja o complemento n. 2 ao final do complemento n. 1.)

Segundo canto de perdão

Canto n. 888. *Cantos e Orações*. Ed. Vozes.

"Senhor, que viestes salvar"

(Pe. José Cândido da Silva)

Acréscimo do dirigente, espontâneo.

Dirigente: Podemos compreender como o nosso Pai é o Deus da misericórdia e do amor. Enviando seu Filho para nos salvar, pela sua morte na cruz, o Pai vem nos redimir. Confessemos os nossos pecados, rezando: Confesso a Deus...

Convite à oração do Pai-nosso, cantado.

7.

(Pode-se proceder aqui à confissão sacramental segundo o Ritual Romano.)

Dirigente : "Onde a fraqueza humana encontrará vigor, energia suficiente para vencer e cantar a Vitória final", a não ser na cruz?

Comentarista: A cruz para muitos significa apenas sofrimento. Para os incrédulos, é a presença de um corpo morto. Nós cristãos aprendemos a cultuá-la desde as lembranças do passado até os dias de hoje. "Se não houvesse ressurreição, nossa fé seria vã e ilusória a nossa esperança". Mas Cristo, pela sua ressurreição, continua vivo no meio de nós, sem os condicionamentos de tempo, capaz de criar o novo conforme a situação exigir. De pé, cantemos a *Vitória da cruz*.

Canto

Canto n. 115. *Louvemos o Senhor.*

"Vitória"

(David Julien. CD As mais lindas canções da Igreja Católica.)

Dirigente (Convite à oração...)

8. Oração de ação de graças

Todos: Eu vos suplico, ó dulcíssimo Senhor Jesus Cristo, que a vossa paixão seja para mim força que me guarde, proteja e defenda; as vossas chagas sejam para mim alimento e bebida que me sustentem, inebriem e alegrem; a aspersão do vosso sangue lave e apague todos os meus pecados; a vossa morte seja para mim vida sem fim; a vossa cruz seja para mim glória eterna. Tudo isso seja o meu alimento, a minha alegria, a minha saúde e a doçura de meu coração. Vós que, sendo Deus, viveis e reinais por todos os séculos dos séculos. Amém.

(As instruções para o procedimento deste complemento encontram-se na Quarta parte do n. 2: Gestos simbólicos dos subsídios.)

Canto

Canto n. 235. *Cantos e orações*. Ed. Vozes.

"Bendita e louvada seja"

(Popular brasileiro. Associação do Senhor Jesus, CD 1.)

9. Bênção final

Dirigente: O Senhor esteja convosco!

Todos: Ele está no meio de nós!

Dirigente: O Pai de misericórdia, que vos deu um exemplo de amor na paixão do seu Filho, vos conceda, pela vossa dedicação a Deus e ao próximo, a graça de sua bênção!

Todos: Amém!

Dirigente: O Cristo, cuja morte vos libertou da morte eterna, conceda-vos receber o dom da vida!

Todos: Amém!

Dirigente: Tendo seguido a lição de humildade deixada pelo Cristo, participeis igualmente da ressurreição!

Todos: Amém!

Dirigente: Abençoe-vos Deus todo-poderoso, Pai e Filho e Espírito Santo!

Todos: Amém!

Dirigente: Ide em paz, e o Senhor vos acompanhe!

Todos: Graças a Deus!

A 1ª leitura (2Cr 36,14-16.19-23) encontra-se no *Lecionário dominical* – 4º Domingo da Quaresma.

COMPLEMENTO N. 1

DIÁLOGO ENTRE DUAS MULHERES: UMA RICA E UMA POBRE

Cena

A pobre entra de mansinho e vai-se aproximando da cruz.

Olha... Olha... Olha bem a cruz, de todos os lados, muito admirada.

Com ar de espanto, leva as mãos à cabeça.

A rica vai entrando, aproximando-se, e curiosa olha também. Movimenta-se para os lados examinando a cruz e, chegando perto da mulher pobre, pergunta:

Rica: – Que você está fazendo aqui?...

Pobre: – Estou olhando e pensando quem foi que fez tudo isso com o Cristo! Eu acho que foi você!...

Rica: – Eu?... Imagina!... Eu nem o conhecia!... Eu nem estava lá! Você, sim. Que andava atrás dele... Bem que você poderia ter feito isso!...

Pobre: – Eu?... Como?... Um trapo humano, sem força, sem poder!... Como conseguiria?... Farrapo humano não serve pra nada!...

Rica: – É!... Mas você bem que podia ter ajudado!... Você não o deixava! Olha!... Quer saber de uma coisa?... Eu também gostaria de saber como um ser humano pôde fazer isso!... Hei!... Vocês aí de vermelho!... Se sabem, respondam!...

Pobre: – É isso mesmo!... Respondam, se vocês sabem!...

Resposta

Naquele tempo, o povo pecava muito, se destruía e se afastava de Deus. Mas Deus, na sua infinita misericórdia e imenso amor pela criatura humana, envia seu Filho Jesus para resgatar aquele povo infiel. Então, Cristo promete que aquele que acreditar nele e o seguir, arrependido de seus pecados, terá a salvação. Porém, muitos o rejeitaram, o condenaram e o crucificaram. "Este é o grande pecado da humanidade". Somos todos culpados. Também nós devemos nos arrepender e, pela intercessão de Jesus Cristo, pedir a Deus Pai o perdão dos nossos pecados.

Primeiro canto de perdão

Retirada dos flagelos, n. 5 da celebração.
Refrão: Piedade, piedade, pequei contra ti te pregando na cruz.
Piedade, piedade, tem piedade de mim, ó Jesus.

Canto de perdão

Piedade, piedade, pequei contra ti

Letra e Música
Maria da Conceição Leão e Campos

01) Pela infidelidade, meu Jesus, te flagelei, mas agora, arrependido, tiro o mal que te causei (bis).
Assembléia: Canta o **refrão**.
02) Por intriga e falsidade, meu Jesus, te flagelei, mas agora...
Assembléia: Repete o **refrão** anterior.
03) Pela minha impiedade, meu Jesus, te flagelei, mas agora...
Assembléia: Repete o **refrão** anterior.
04) Pela minha ingratidão, meu Jesus, te flagelei, mas agora...
Assembléia: Repete o **refrão** anterior.
05) Por calúnia e injúria, meu Jesus, te flagelei, mas agora...
Assembléia: Repete o **refrão** anterior.
06) Pela minha injustiça, meu Jesus, te flagelei, mas agora...
Assembléia: Repete o **refrão** anterior.
07) Por inveja e traição, meu Jesus, te flagelei, mas agora...
Assembléia: Repete o **refrão** anterior.
08) Pela infâmia e mentira, meu Jesus, te flagelei, mas agora...
Assembléia: Repete o **refrão** anterior.
09) Pelo orgulho e vaidade, meu Jesus, te flagelei, mas agora...
Assembléia: Repete o **refrão** anterior.
10) Pela minha hipocrisia, meu Jesus, te flagelei, mas agora...
Assembléia: Repete o **refrão** anterior.
11) Por maldade e egoísmo, meu Jesus, te flagelei, mas agora...
Assembléia: Repete o **refrão** anterior.
12) Pela minha indiferença, meu Jesus, te flagelei, mas agora...
Assembléia: Repete o **refrão** anterior.
13) Pela minha intolerância, meu Jesus, te flagelei, mas agora...
Assembléia: Repete o **refrão** anterior.
14) Pela minha ambição, meu Jesus, te flagelei, mas agora...
Assembléia: Repete o **refrão** anterior.
15) Por racismo e desamor, meu Jesus, te flagelei, mas agora...
Assembléia: Repete o **refrão** anterior.
16) Por luxúria e nudez, meu Jesus, te flagelei, mas agora...
Assembléia: Repete o **refrão** anterior.
17) Pela minha impaciência, meu Jesus, te flagelei, mas agora...
Assembléia: Repete o **refrão** anterior.
18) Pelo ódio e vingança, meu Jesus, te flagelei, mas agora...
Assembléia: Repete o **refrão** anterior.
Todos de vermelho.

• Nosso arrependimento é nossa libertação.

E por ela te entregamos, Jesus, nosso coração.

Assembléia: Repete o **refrão** anterior.

• Tua cruz foi teu martírio, foi tua condenação.

Pro cristão se transformando em sinal de salvação.

Assembléia: Repete o **refrão** anterior.

Voltar ao item n. 6 da celebração *As contradições*.

COMPLEMENTO N. 2

CONTRADIÇÕES ENTRE AS PROPOSTAS DE CRISTO E AS NOSSAS RESPOSTAS

Fala

• Meu Jesus, como é triste e doloroso lembrar as iniqüidades que cometemos:

01) Tu nos estendeste a mão.

Nós a pregamos na cruz.

02) Tu nos falaste do teu reino.

Nós te escarnecemos. Te coroamos com espinhos.

03) Tu nos deste tua amizade.

Nós cuspimos em tua face. Te viramos as costas.

04) Tu nos ofereceste teus ombros para que eles fossem nosso descanso.

Nós te impusemos a cruz para que teus ombros não nos atraíssem.

05) Tu nos deste teu sangue.

Nós te demos vinagre.

06) Tu nos deste o amor que ardia em teu peito.

Nós te demos nosso ódio e transpassamos teu coração.

07) Tu nos cobriste de dignidade.

Nós te desnudamos, ultrajamos teu corpo e te chicoteamos.

08) Tu nos mostraste o caminho e nos convidaste a caminhar contigo.

Nós imobilizamos teus pés cravando-os na cruz.

09) Tu proferiste verdades.

Nós te dirigimos blasfêmias, silenciamos tua voz.

Porque tuas verdades incomodavam.

10) Tu nos ofereceste a Paz.

Nós te combatemos sem trégua e te levamos à morte.

• Mas Jesus, pela tua misericórdia, pela força do teu amor onipotente, nós te clamamos:

Voltar ao item 6 da celebração *As contradições* (Canto n. 888).

Entram os três pedidos de perdão contidos no "segundo canto de perdão".

SUBSÍDIOS

Cenário

a) Preparação do ambiente

Olhar o desenho correspondente.

b) Objetos necessários

1 cruz grande (sem imagem)

1 cruz pequena (com imagem)

1 mesa pequena

1 coração

2 velas

18 flagelos

18 flores brancas artificiais

c) Instruções

A cruz grande deverá ser colocada ao lado do altar ou à sua frente, no centro, *bem visível*.

Os 18 flagelos serão espalhados na cruz, sendo três para cada braço da cruz e 12 para o pé, isto é, para toda a parte vertical da cruz.

Pregar preguinhos na cruz, observando espaços regulares entre um preguinho e outro. Dependurar os flagelos nos preguinhos, mediante alcinhas, de modo que sejam *facilmente* retirados.

A mesa pequena deverá ser colocada num lugar *estratégico*, porque nela serão colocados os flagelos à medida que forem retirados da cruz.

Evitar que os flagelos sejam colocados em cima do altar ou no chão.

Deverá haver um bom espaço entre a cruz e a mesa pequena, para não atrapalhar a passagem de quem irá participar.

Orientação preliminar

Participação de 20 adultos e 2 crianças.

Poderão participar homens e mulheres, jovens e adultos.

A Equipe de Liturgia deverá escolher pessoas desembaraçadas, que cantem ou falem alto, para cada finalidade.

Com antecedência, a cruz deverá estar arrumada com todos os flagelos antes do início da celebração.

Há necessidade de 18 pessoas, uma para cada flagelo.

Não existe uma ordem preestabelecida para a retirada dos flagelos, porém é importante determinar que as pessoas mais baixas tirem os flagelos que estiverem colocados ao seu alcance e as mais altas aqueles colocados na parte alta da cruz.

A retirada dos flagelos deverá ser *alternada*, ora de um lugar, ora de outro. *Exemplo*: braço direito, braço esquerdo, alto da cruz, pé da cruz, etc.

Gestos simbólicos

Antes de terminar a homilia, as 18 pessoas entram *silenciosamente* pelo corredor central, em fila dupla, cada uma levando uma flor, e param, mais ou menos, a uns 3 metros de distância do cenário. De acordo com a relação dos flagelos, número *ímpar à esquerda* e número *par à direita*.

Este momento divide-se em quatro partes.

Iniciar a formação da meia-lua *de baixo para cima*, a fim de não atrapalhar quem for retirar o flagelo. Portanto, os últimos da fila serão aqueles que ficarão mais perto da cruz. (Ver na 3ª parte a retirada dos flagelos.)

Primeira parte (Entra aqui o Complemento n. 1.)

Diálogo entre duas mulheres, uma rica e outra pobre, bem caracterizadas. Este diálogo deve ser *decorado*.

Terminada a homilia, entram as duas mulheres que irão desenvolver o diálogo.

Segunda parte

As duas mulheres, finalizando o diálogo, interrogam as pessoas que estão em fila, no corredor.

Uma delas responde à indagação, encerrando esta parte. (Poderá ler a resposta.)

Terceira parte

É muito importante que a Equipe de Canto ensaie com a assembléia, antes do início da celebração o refrão "Piedade, piedade..."

Retirada dos flagelos.

As pessoas vão-se alternando, seguindo a ordem numérica dos flagelos, isto é, do primeiro canto de perdão.

A cada retirada do flagelo, *colocar uma flor no lugar*.

1º flagelo: A pessoa sai do seu lugar *cantando*; aproxima-se da cruz e quando cantar: "*...mas agora arrependido...*", *retira* o flagelo e *coloca* a flor no seu lugar. Depois coloca o flagelo retirado em cima da mesinha e toma posição em volta da cruz, de pé, de costas para a assembléia.

A assembléia responde cantando o refrão: Piedade, piedade, pequei...

E assim sucessivamente, até a retirada do último flagelo.

O canto de retirada do flagelo deverá ser cantado *mais lentamente* e *bem alto*, para que todos ouçam.

As pessoas irão se posicionando em volta da cruz, formando uma meia-lua, em três fileiras, cada uma com seis pessoas, todas de costas para a assembléia. (Ver observação no n. 2: Gestos simbólicos.)

As duas mulheres que participaram do diálogo permanecem no local, em lugar adequado, aguardando o desenrolar da retirada dos flagelos.

Quando terminar o canto do último flagelo (o de n. 18), cada uma se coloca na última fila (parte inferior), uma à direita e outra à esquerda, ou juntas conforme a ilustração, completando a meia-lua.

Quarta parte

Terminado o refrão da retirada do último flagelo e antes do início do canto "Nosso arrependimento...", os participantes da meia-lua se afastam, metade para cada lado, abrindo um corredor no centro.

Iniciado o canto acima, duas crianças (também de túnicas) entram com o coração, colocando-o ao pé da cruz, ambas permanecendo ali.

As contradições: Ao iniciar o comentário: "A missão de Cristo..." (n. 6 da celebração), todos os participantes permanecem olhando para a cruz.

A Equipe de Liturgia *previamente*, ou seja, durante o ensaio, escolherá, entre os 18 participantes da retirada dos flagelos, três pessoas para fazerem, cada uma, um solo do segundo canto de perdão.

As três pessoas escolhidas, de pé, cantam o solo, uma de cada vez, sem sair do seu lugar. *Não importa onde estejam.*

A cada invocação, a assembléia responde cantando o refrão.

Na *primeira* invocação: "Senhor, que viestes *salvar*...", as 17 pessoas *abaixam bem a cabeça*, permanecendo de pé.

Na *segunda* invocação, logo que iniciar o canto "Ó Cristo, que viestes *chamar*...", as 17 pessoas *ajoelham-se*, mantendo a cabeça baixa. (Quem canta fica de pé enquanto canta, depois *se ajoelha.*)

Na *terceira* invocação, logo que iniciar o canto "Senhor, que *intercedeis*...", as 17 pessoas, que já estão ajoelhadas, *dobram* completamente o corpo e assim permanecem até a assembléia terminar de cantar o refrão de resposta. Quem fizer o solo, após cantar, assume a mesma posição dos demais.

Também as duas mulheres (do diálogo) e as duas crianças (do coração) acompanham os gestos dos demais, desde o início.

Terminada esta parte da cruz, que se encerra com o canto, todos se levantam e mudam de lugar, continuando, porém, a compor o cenário lá na frente, de costas para a assembléia. É a preparação para receberem a absolvição[5].

A Equipe de Liturgia deverá providenciar a melhor posição dessas 22 pessoas no local.

O dirigente retoma a fala a partir de "Acréscimo do dirigente", dando prosseguimento à celebração.

---

5. Este procedimento somente será permitido se for realizada e obedecida a recomendação constante do item 7 (anterior à oração de Ação de Graças) desta celebração.

Voltar no *Acréscimo do dirigente*, no item 6. Se não houver acréscimo espontâneo, retorne ao último parágrafo do item "*Dirigente*: Podemos compreender..."

Pai nosso...

Terminado o Pai-nosso, o dirigente *aguarda um instante*, enquanto as duas crianças saem dirigindo-se ao altar. Uma delas pega uma das velas do altar e se coloca à esquerda do dirigente. A outra pega a cruz pequena (usada na procissão de entrada) e a entrega para o dirigente e, *imediatamente*, pega a outra vela do altar e se coloca à direita do dirigente, que irá dar a absolvição[6] com a cruz.

Toda a assembléia se ajoelha para receber a absolvição[7], inclusive as duas crianças, *levantando as velas*. Porém, de costas para a assembléia.

Os 22 participantes devem permanecer no mesmo lugar até terminar a celebração com a *bênção final*.

Durante o canto "Vitória, tu reinarás...", o dirigente levanta a cruz, mostrando-a para a assembléia. As duas crianças também se viram, levantando as velas.

O restante da celebração prossegue normalmente, com a Ação de Graças.

Sugestões

a) Vestuário

Todas as pessoas que irão participar deverão usar túnicas *vermelhas*, de preferência (é a cor do dia), ou *então brancas*.

---

6. Vide nota 5.

7. Vide nota 5.

Atenção: Se as túnicas dos participantes não forem vermelhas, substituir na última fala da mulher rica (Complemento n. 1), a palavra vermelho pela palavra que expresse a cor da túnica a ser usada.

Se a comunidade não tiver as túnicas, poderá confeccioná-las em TNT, que custa barato.

As duas mulheres que irão participar do diálogo não usarão túnicas. Elas deverão estar *bem caracterizadas*. A rica, bem-vestida, portando bolsa. A pobre, malvestida, lenço na cabeça, descalça, levando uma trouxinha de roupa, latinha, etc.

Todos os outros deverão participar descalços (uniformidade), inclusive as duas crianças.

b) Procissão de Entrada

Um adulto levará a cruz pequena (com imagem).

Duas crianças, uma de cada lado da cruz, levarão as velas acesas.

Essas três pessoas, descalças, usarão túnicas (as mesmas que serão usadas no momento de *perdão*) e elas poderão participar, mais tarde, daquele momento.

Enquanto é cantado o canto de entrada, elas entram e se colocam lá na frente, viradas para a assembléia. Aí permanecem até terminar o canto.

Terminado o canto, as duas velas serão colocadas sobre o altar, uma de cada lado, e permanecerão acesas até terminar a celebração.

A cruz será colocada num lugar *previamente escolhido* para ser usada, se for o caso, na situação a que se refere a nota de rodapé anterior.

Depois disto, os três saem.

c) Pedidos de perdão (n. 5 da celebração)

Ver o início do n. 2: *Gestos simbólicos*.

A Equipe de Liturgia deverá organizar aquelas duas filas por ordem de tamanho, as pessoas mais baixas na frente. Portanto, já no primeiro ensaio, o canto dos flagelos deverá ser distribuído às pessoas que irão participar de acordo com a posição que ocuparão nas filas.

Cada uma deverá *decorar* o seu canto, que é bem curtinho.

Esta parte deverá ser *bem ensaiada e o último* ensaio deverá ser feito com a cruz *montada*, a *retirada* dos flagelos e a *colocação* das flores.

As flores poderão ser crisântemos ou rosas. Todas *brancas* e *iguais*.

O cabo deverá ser bem curtinho, *rente*, o suficiente para se colocar uma alcinha, se for necessária. Quanto mais rente a flor ficar da madeira da cruz, mais bonito será o efeito posterior.

Se for possível, comprar essas flores de pano, que vêm encaixadas nos galhos, facilmente encontradas nas lojas que vendem flores artificiais. Neste caso desprezar os galhos. A flor, provavelmente, irá se encaixar no preguinho da cruz, dispensando a alcinha.

Também o *diálogo* entre as duas mulheres deverá ser *ensaiado*.

d) As contradições (n. 6 da celebração)

O dirigente fará o comentário inicial.

Para a *fala* que se segue, escolher um homem, de preferência, que tenha boa leitura e voz adequada para este momento.

A leitura deverá ser feita no microfone, *pausadamente*, para que a assembléia possa acompanhar *ouvindo-a*.

Colocar um fundo musical (*só melodia*) *bem baixinho*, desde o início da *fala* que começa com as palavras: "Meu Jesus, como é triste..., até terminar com as palavras:... nós te clamamos".

e) Finalmente

A Equipe de Liturgia poderá providenciar *cópias da celebração* para que a assembléia tenha condições de acompanhá-la. Entretanto, o *diálogo* ao pé da cruz (mulher rica e mulher pobre), a *resposta* à indagação dessas mulheres, o *canto de retirada dos flagelos* e a *fala das contradições* não precisarão constar dessas cópias.

A cópia para o dirigente deverá ser *completa*, isto é, com tudo aquilo que foi excluído acima.

Além disso, o dirigente deverá estar *bem informado* sobre o desenrolar da celebração. Seria conveniente que ele recebesse um esquema de tudo que irá acontecer e em quais *momentos* dar-se-ão esses acontecimentos.

O comentarista e a pessoa encarregada da coordenação da celebração deverão receber cópias completas da celebração, o que irá facilitar o desempenho de ambos.

Relação dos flagelos

1) Cana ou 2) Vara

3) Cetro

4) Chicote

5) Corda

6) Coroa de espinhos

7) Corrente

8) Cravos (em número de *três*)

9) Cruz

10) Escada

11) Esponja

12) Inscrição

13) Lança

14) Manto vermelho

15) Martelo

16) Túnica branca

17) Vinagre e 18) Mirra

Flagelo, aqui, é tudo aquilo que foi usado para torturar e ridicularizar Jesus, e para consumar a sua crucificação.

Sugestão

- *Cana*: Pedaço de bambu seco.
- *Cetro*: Poderá ser um pedaço pequeno de cabo de vassoura, parte superior.
- *Cravos*: Poderão ser feitos de madeira.
- *Cruz e escada*: Fazer de madeiras, bem pequenas.
- *Esponja*: Amarrá-la na ponta de uma vara.
- *Inscrição*: Pequena placa com as letras: INRI.
- *Vinagre e mirra*: Usar um vidrinho ou garrafinha; escrever numa tira de papel branco as palavras: *Vinagre e mirra* e colar a tira de papel no vidro.

1º Cenário

2º Cenário

11
Preces comunitárias diversas
Opcionais

Celebrações

1. Pai, pela tua misericórdia, converte-nos

a) Para que possamos acreditar sempre na Palavra de Deus e vivê-la ao professar o nosso batismo e testemunhar a nossa fé, nós vos pedimos:

Resposta: Pai misericordioso, atendei a nossa prece.

b) Para que nunca nos esqueçamos de que Deus é o centro de nossas vidas e que, para sermos felizes, devemos servi-lo com todo amor, nós vos pedimos:

Resposta: Pai misericordioso, atendei a nossa prece.

c) Para que, amando nosso próximo, possamos praticar sempre a caridade, ajudando-o em suas necessidades e assegurando a nossa comunhão com Deus, nós vos pedimos:

Resposta: Pai misericordioso, atendei a nossa prece.

2. Fé, fortalece; esperança, impulsiona; caridade, redime

a) Para que, pela nossa fé, possamos alcançar a verdadeira conversão e assim abrir o nosso coração ao amor fraterno, nós vos pedimos:

Resposta: Pai de bondade, atendei a nossa prece.

b) Por todo o povo de Deus, para que espere, com fé e sem perder a esperança, mudanças no nosso país que tragam melhores condições de vida para todos, justiça e dignidade, nós vos pedimos:

Resposta: Pai de bondade, atendei a nossa prece.

c) Para que as nossas comunidades, sempre unidas no amor de Deus e aos irmãos, sejam testemunhas do Reino de Deus, pela vivência da fé, da esperança e da caridade, nós vos pedimos:

Resposta: Pai de bondade, atendei a nossa prece.

3. Volta aos braços do Pai

a) Para que, a exemplo do filho pródigo, reconheçamos os nossos erros e arrependidos busquemos o perdão de Deus, nós vos pedimos:

Resposta: Pai, ajudai-nos a trilhar o caminho de volta sempre que de Vós nos afastarmos.

b) Para que sejamos capazes de impedir que a inveja, o orgulho, a incompreensão e a intolerância prejudiquem o relacionamento com nossos semelhantes, nós vos pedimos:

Resposta: Pai, ajudai-nos a trilhar o caminho de volta sempre que de Vós nos afastarmos.

c) Para que a justiça, a sabedoria e a paz estejam sempre presentes nas ações dos presbíteros da nossa Igreja e também nas dos governantes do nosso país, nós vos pedimos:

Resposta: Pai, ajudai-nos a trilhar o caminho de volta sempre que de Vós nos afastarmos.

4. Perdoar para ser perdoado

a) Para que tenhamos a capacidade de perdoar e de amar sem limites o nosso irmão, imagem e semelhança de Deus, nós vos pedimos:

Resposta: Pai, ensinai-nos a amar e perdoar.

b) Para que a Palavra de Deus transforme o coração de todos aqueles que guardam e alimentam sentimentos de ódio e de vingança, nós vos pedimos:

Resposta: Pai, ensinai-nos a amar e perdoar.

c) Para que os presbíteros, que receberam o poder de perdoar, sejam exemplo de santidade, disponibilidade, humildade e acolhimento, sensíveis ao amor e ricos em misericórdia, nós vos pedimos:

Resposta: Pai, ensinai-nos a amar e perdoar.

5. Pecados capitais: obstáculos à salvação

a) Para que deixemos de lado a nossa avareza e egoísmo e sejamos mais generosos e solidários com nossos irmãos carentes, nós vos pedimos:

Resposta: Senhor, abri nosso coração ao amor.

b) Para que saibamos evitar que a preguiça, a ira, a calúnia, a inveja, a vaidade e a soberba encontrem abrigo em nossos corações, impossibilitando a nossa vida de bons cristãos, nós vos pedimos:

Resposta: Senhor, abri nosso coração ao amor.

c) Para que fiquemos atentos aos apelos de nosso próximo e saibamos socorrê-lo em suas necessidades, nós vos pedimos:

Resposta: Senhor, abri nosso coração ao amor.

6. Comunidade unida pelos dons do Espírito Santo

a) Para que, em nossa comunidade, nunca falte a prática do perdão, do acolhimento e da convivência fraterna, que facilite a solução de dificuldades que surjam entre seus membros, nós vos pedimos:

Resposta: Espírito Santo, enviai-nos vossos dons e tornai-nos luz e sal da terra.

b) Para que nossos jovens, iluminados pelo Espírito Santo, escolham o caminho do bem e se tornem cidadãos capazes de transformar a sociedade ao colocarem seus dons a serviço do Reino de Deus, nós vos pedimos:

Resposta: Espírito Santo, enviai-nos vossos dons e tornai-nos luz e sal da terra.

c) Para que os bispos, padres, diáconos, religiosos e leigos coloquem, sem reserva, a serviço das comunidades, os dons que receberam do Espírito Santo, a fim de que o povo de Deus seja sempre testemunho de fé, de vida cristã e de libertação, nós vos pedimos:

Resposta: Espírito Santo, enviai-nos vossos dons e tornai-nos luz e sal da terra.

7. O Espírito Santo interpela a vida

a) Para que a nossa comunidade seja sempre a expressão maior do amor de Deus e ao próximo, que se revela na prática constante da caridade, do perdão, da justiça, da paz e da fraternidade, nós vos pedimos:

Resposta: Espírito de Amor, iluminai e comandai nossas ações.

b) Para que a Palavra de Deus nos ensine, no dia-a-dia, a partilhar a nossa alegria e bondade e a promover relações fraternas, nós vos pedimos:

Resposta: Espírito de Amor, iluminai e comandai nossas ações.

c) Para que o Espírito Santo ilumine, cada vez mais, a vocação dos presbíteros, diáconos e religiosos, que se manifesta, sobretudo em servir, com humildade e paciência, os mais pobres e necessitados, nós vos pedimos:

Resposta: Espírito de Amor, iluminai e comandai nossas ações.

8. Um coração puro conduz à salvação

a) Para todos aqueles que procuram promover a justiça e a paz, sem julgar e sem condenar o irmão, mas sempre procurando compreendê-lo e encaminhá-lo para Deus, nós vos pedimos:

Resposta: Senhor, dai-nos um coração puro que saiba amar e perdoar.

b) Para que sejamos desapegados das coisas terrenas e tenhamos sempre um coração aberto e disponível para acolher os nossos semelhantes, nós vos pedimos:

Resposta: Senhor, dai-nos um coração puro que saiba amar e perdoar.

c) Para que cada um de nós saiba ser consolo para os que choram e sofrem, auxílio para os aflitos e necessitados, socorro para os injustiçados e oprimidos e amparo para os marginalizados e desanimados, nós vos pedimos:

Resposta: Senhor, dai-nos um coração puro que saiba amar e perdoar.

9. A Trindade Santa e a infidelidade humana

a) Para que sejamos templos vivos da Santíssima Trindade e possamos sempre testemunhar com fidelidade a nossa fé no Pai, Filho e Espírito Santo, nós vos pedimos:

Resposta: Trindade Santa, aumentai a nossa fé.

b) Para que a Santíssima Trindade apague em nós a inveja, a vaidade, o orgulho, a falta de perdão e nos ensine que o amor é o dom maior que nos mantém em comunhão com Ela e com nossos irmãos, nós vos pedimos:

Resposta: Trindade Santa, perdoai nossas imperfeições e aumentai o nosso amor.

c) Para que a Santíssima Trindade cubra de bênçãos o nosso clero, a fim de que ele exerça sua missão, com fidelidade e perseverança, e conduza para o Pai, com amor e sabedoria, o rebanho que Cristo lhe entregou, nós vos pedimos:

Resposta: Trindade Santa, santificai o nosso clero para que a sua missão se cumpra segundo a vossa vontade.

10. A cruz conduz a humanidade pelo caminho mais curto do perdão

a) Para que saibamos carregar a nossa cruz do dia-a-dia e com amor e confiança aprendamos a ser solidários com aqueles que carregam a cruz da fome, da doença, da solidão e do desamor, nós vos pedimos:

Resposta: Cristo, que a vossa cruz seja para nós constante chamado ao arrependimento, à conversão sincera, à salvação e, como prêmio, a nossa ressurreição.

b) Para que nunca percamos a fé na ressurreição de Cristo e tenhamos sempre a esperança de alcançarmos a vida eterna, nós vos pedimos:

Resposta: Cristo, que a vossa cruz seja para nós constante chamado ao arrependimento, à conversão sincera, à salvação e, como prêmio, a nossa ressurreição.

c) Para que a paixão de Jesus seja para nós exemplo de força que nos sustente na caminhada, humildade que nos aproxime dos nossos irmãos, amor que nos ensine a nos entregarmos à vontade do Pai e doação que nos faça vivermos uns pelos outros, nós vos pedimos:

Resposta: Cristo, que a vossa cruz seja para nós constante chamado ao arrependimento, à conversão sincera, à salvação e, como prêmio, a nossa ressurreição.

12
Informações gerais

1) Para todas as cerimônias, sugerimos que na Mesa da Celebração sejam usadas, se possível, duas toalhas: uma roxa e uma branca, de renda, colocada por cima da roxa.

2) Em todas as celebrações a cruz não pode faltar na preparação do ambiente.

3) Em cada celebração, há o momento *Acréscimo do dirigente* onde o sacerdote, se desejar, fará alguma colocação espontânea. A Equipe de Liturgia deverá aguardar um instante. Se o dirigente não usar da palavra, dar-se-á continuidade à celebração.

4) As leituras e os cantos poderão ser trocados. Contudo, é necessário que guardem uma relação bem próxima com todo o conteúdo desenvolvido na celebração. Neste caso, os comentários, os pedidos de perdão, etc. deverão ser revistos e adaptados, se for o caso.

5) Os gestos simbólicos e os cenários poderão ser aproveitados em outras celebrações, certamente com adaptações.

6) A Equipe de Liturgia usará sua criatividade para fazer o melhor.

7) A relação de *Preces comunitárias diversas* poderá facilitar, ainda mais, o trabalho das equipes de Liturgia, se desejarem incluir algumas preces na celebração.

8) Enquanto as luzes da igreja estiverem apagadas, durante os pedidos de perdão, o comentarista, dirigente, leitores e outros poderão fazer uso de lanternas.

9) As reflexões e os questionamentos dos pedidos de perdão deverão ser feitos pausadamente.

10) Recomendar às pessoas que irão participar dos gestos simbólicos que façam tudo com o maior respeito e silêncio, para não prejudicar o momento, que é de reflexão e recolhimento.

11) Quanto maior a participação dos fiéis na cerimônia, melhor. Para tanto, é necessário tirar cópias da celebração a ser utilizada, e distribuí-las às pessoas presentes.

12) O "comentarista" deverá ser o mesmo em todos os momentos em que ele é indicado. Inclusive, nas reflexões e pedidos de perdão.

Bibliografia

Bíblia Ave Maria. São Paulo: Ave-Maria [s.d.].

Bíblia Mensagem de Deus. São Paulo: Loyola [s.d.].

Bíblia Sagrada – Edição Pastoral. São Paulo: Paulus [s.d.].

BORTOLINI, J. *Os sacramentos em sua vida* [s.n.t.].

CNBB. *Sacramentário* [s.n.t.].

D. FREI EDUARDO. *Adoremus* – Manual de orações e exercícios piedosos. [s.l.]: [s.e.], 1958.

DUARTE, L.M.; LIMA, A.L.S.; PEREIRA, S.C. *Celebrações para a Semana Santa* [s.n.t.]

LARRAÑAGA, I. *Encontro* – Manual de oração. [s.l.]: [s.e.], 1995.

Lecionário dominical: A - B - C. São Paulo: Paulus, 1994.

Missal dominical. [s.l.]: Beneditina, 1961.

Missal romano. São Paulo: Paulus, 1992.

VATICANO. *Catecismo da Igreja Católica*. Petrópolis/São Paulo: Vozes/Paulinas/Loyola/Ave-Maria, 1993.